ENSEIGNEMENT MUTUEL ET ENSEIGNEMENT SIMULTANÉ

TABLEAUX DE LECTURE

AVEC OU SANS ÉPELLATION

A L'USAGE

DES ÉCOLES PRIMAIRES, DES ÉCOLES D'ADULTES, DE RÉGIMENTS ET DE VAISSEAUX

PAR

MM. Lamotte, Perrier, Meissas et Michelot

OUVRAGE AUTORISÉ

PAR LE CONSEIL ROYAL DE L'INSTRUCTION PUBLIQUE

PARIS

CHEZ L. HACHETTE, LIBRAIRE DE L'UNIVERSITÉ ROYALE DE FRANCE

RUE PIERRE-SARRAZIN, N° 12

1845

PREMIÈRE CLASSE, N° 1. (N° 1.)

MÉTHODE DE LECTURE AVEC[1] OU SANS ÉPELLATION,

Par MM. LAMOTTE, PERRIER, MEISSAS ET MICHELOT.

OUVRAGE AUTORISÉ PAR L'UNIVERSITÉ. — QUATRIÈME ÉDITION.

SONS ou VOYELLES. — SONS SIMPLES.

a e é è

i o u

SONS COMPOSÉS DANS LA FORME.

eu ou oi

an in on un

(1) Rien ne s'oppose à ce qu'on emploie ces Tableaux dans les écoles où l'on fait épeler; mais nous conjurons les instituteurs qui nous ont accordé leur confiance de croire à nos promesses. Nous pouvons leur affirmer, après vingt ans d'expériences, que les progrès sont beaucoup plus rapides par la méthode sans épellation que par l'épellation. Que les retardataires essaient : ils verront les enfants avancer et plus rapidement et plus sûrement. Des enfants enseignés par leurs mères ont su lire en un mois ou six semaines; nous le certifions. (LES AUTEURS.)

INSTRUCTION SUR L'EMPLOI DU TABLEAU.

Premier procédé. Le moniteur ou le maître, tenant une baguette à la main gauche, montre et prononce *a* : tous les élèves répètent successivement *a*; le moniteur montre et prononce *e* (comme dans le mot *de*), et tous les élèves répètent successivement *e*; et ainsi des autres sons, jusqu'à la fin du tableau, en suivant chaque ligne horizontale de gauche à droite.

Deuxième procédé. Le moniteur montre *a* sans le prononcer : l'élève désigné dit *a*; le moniteur montre *e*, l'élève suivant prononce *e*; et ainsi de suite, dans l'ordre du premier procédé.

Troisième procédé. Le moniteur montre les différents sons du tableau, sans s'astreindre à un ordre déterminé : chaque élève à son tour prononce le son dont on lui montre le signe.

Première remarque. Les voyelles *é*, *è* se prononcent suivant le son que leur donne l'accent qu'elles portent, comme à la fin des mots *bonté*, *accès*, mais sans qu'on énonce cet accent.

Deuxième remarque. Les voyelles composées *eu*, *ou*, etc., se prononcent d'une seule émission de voix, sans aucune épellation.

OBSERVATION GÉNÉRALE.

Pour tous les tableaux, on consacre un quart d'heure à chaque procédé.

Imprimerie de GUSTAVE GRATIOT, rue de la Monnaie, 11.

LIBRAIRIE DE L. HACHETTE ET Cie, RUE PIERRE-SARRAZIN, N° 14, A PARIS.

PREMIÈRE CLASSE, N° II. (N° 2.)

MÉTHODE DE LECTURE AVEC OU SANS ÉPELLATION,

Par MM. LAMOTTE, PERRIER, MEISSAS et MICHELOT.

OUVRAGE AUTORISÉ PAR L'UNIVERSITÉ. — QUATRIÈME ÉDITION.

EXERCICES SUR LES SONS.

a	e	é	è	i	o	u
e	é	è	i	o	u	a
é	è	i	o	u	a	e
è	i	o	u	a	e	é
eu	ou	oi	an	in	on	un
ou	oi	an	in	on	un	eu
oi	an	in	on	un	eu	ou
an	in	on	un	eu	ou	oi

INSTRUCTION SUR L'EMPLOI DU TABLEAU.

Premier procédé. Le moniteur montre *a* : l'élève désigné prononce *a*; le moniteur montre *e* : l'élève qui vient après prononce *e*; et ainsi des autres sons, en suivant chaque ligne horizontale de gauche à droite.

Deuxième procédé. Le moniteur montre *an* (au bas de la première colonne verticale à gauche) : l'élève désigné dit *an*; le moniteur montre *oi* (au-dessus) : l'élève qui vient après prononce *oi*; et ainsi de suite en remontant successivement chaque colonne verticale.

Troisième procédé. Le moniteur montre *u* (à l'extrémité de la première ligne horizontale) : l'élève désigné prononce *u*; le moniteur montre *o* (à gauche) : l'élève suivant prononce *o*; le moniteur montre *a* (à l'extrémité de la deuxième ligne) : l'élève suivant prononce *a*; et ainsi des autres, en parcourant de gauche à droite les diagonales (*i u e*), (*è o a é*), etc. Si cet exercice était terminé avant la fin de la leçon, le moniteur ou le maître montrerait et ferait prononcer les voyelles, sans s'astreindre à un ordre déterminé.

Imprimerie de GUSTAVE GRATIOT, rue de la Monnaie, 11.

LIBRAIRIE DE L. HACHETTE ET Cie, RUE PIERRE SARRAZIN, N° 14, A PARIS.

PREMIÈRE CLASSE, N° III. (N° 3.)

MÉTHODE DE LECTURE AVEC OU SANS ÉPELLATION,

Par MM. LAMOTTE, PERRIER, MEISSAS et MICHELOT.

OUVRAGE AUTORISÉ PAR L'UNIVERSITÉ, — QUATRIÈME ÉDITION.

ARTICULATIONS SIMPLES OU CONSONNES.

b	p	d	t
v	f	l	m
n	j	s	z
r	c	g	x

INSTRUCTION SUR L'EMPLOI DU TABLEAU.

Premier procédé. Le moniteur montre et prononce *b* (*be*) : tous les élèves répètent successivement *b*; le moniteur montre et prononce *p* (*pe*) : tous les élèves répètent successivement *p*; ainsi des autres articulations, en suivant chaque ligne horizontale, de gauche à droite.

Deuxième procédé. Le moniteur montre *b* sans le prononcer : l'élève désigné prononce *b* (*be*); le moniteur montre *p* : l'élève prononce *p* (*pe*); et ainsi de suite, dans l'ordre du premier procédé.

Troisième procédé. Le moniteur montre les différentes articulations, sans suivre un ordre déterminé : chaque élève, à son tour, prononce l'articulation dont on lui montre le signe.

Prononciation des articulations.

B	P	D	T	V	F	L	M	N	J	S	Z	R	C	G	X
be	pe	de	te	ve	fe	le	me	ne	je	se	ze	re	que	gue	cse.

Observation. Si l'on s'étonnait de trouver les articulations simples ou consonnes isolées dans une méthode de lecture sans épellation, où l'on procède par syllabes, nous ferions remarquer que les articulations *b*, *p*, *d*, etc., etc., se font entendre dans les syllabes *ab*, *ip*, *od*, etc., etc., du 5ᵉ tableau. Nous aurions pu, à la rigueur, supprimer le 3ᵉ et le 4ᵉ tableau; mais nous avons cru devoir les placer avant le tableau 5, qui, sans eux, aurait été plus difficile. Tel a été l'avis des instituteurs les plus distingués.

Imprimerie de GUSTAVE GRATIOT, rue de la Monnaie, 11.

LIBRAIRIE DE L. HACHETTE ET Cᵉ, RUE PIERRE-SARRAZIN, N° 14, A PARIS.

PREMIÈRE CLASSE, N° IV. (N° 4.)

MÉTHODE DE LECTURE AVEC OU SANS ÉPELLATION,

Par MM. LAMOTTE, PERRIER, MEISSAS et MICHELOT.

OUVRAGE AUTORISÉ PAR L'UNIVERSITÉ. — QUATRIÈME ÉDITION.

EXERCICES SUR LES ARTICULATIONS SIMPLES.

b	p	d	t	v	f	l	m
p	d	t	v	f	l	m	b
d	t	v	f	l	m	b	p
t	v	f	l	m	b	p	d
n	j	s	z	r	c	g	x
j	s	z	r	c	g	x	n
s	z	r	c	g	x	n	j
z	r	c	g	x	n	j	s

INSTRUCTION SUR L'EMPLOI DU TABLEAU.

Premier procédé. Le moniteur montre *b* : l'élève désigné prononce *b* (*be*) ; le moniteur montre *p* : l'élève qui vient après prononce *p* (*pe*) ; et ainsi des autres articulations, en suivant chaque ligne horizontale, de gauche à droite.

Deuxième procédé. Le moniteur montre *z* (au bas de la première colonne verticale, à gauche) : l'élève désigné prononce *z* (*ze*); le moniteur montre *s* (au-dessus) : l'élève suivant prononce *s* (*se*) ; et ainsi des autres, en remontant chaque colonne verticale.

Troisième procédé. Le moniteur montre *m* (à l'extrémité de la première ligne), l'élève désigné prononce *m* (*me*) ; le moniteur montre *l* (à gauche), l'élève suivant prononce *l* (*le*) ; et ainsi des autres, en parcourant, de gauche à droite, les diagonales (*l b*), (*fmp*), (*v l b d*), etc. Lorsque cet exercice est terminé, avant la fin de la leçon, le moniteur montre et fait prononcer les articulations, sans suivre un ordre déterminé.

Imprimerie de GUSTAVE GRATIOT, rue de la Monnaie, 11.

LIBRAIRIE DE L. HACHETTE ET Cie, RUE PIERRE-SARRAZIN, N° 14, A PARIS.

DEUXIÈME CLASSE, N° 1. (N° 5.)

MÉTHODE DE LECTURE AVEC OU SANS ÉPELLATION,

Par MM. Lamotte, Perrier, Meissas et Michelot.

Ouvrage autorisé par l'Université. — Quatrième édition.

SONS SUIVIS D'UNE ARTICULATION SIMPLE.

ab	ib	ob	ub
ip	op	up	ap
od	ud	ad	id
ut	at	it	ot
af	if	of	uf
il	ol	ul	al
os	us	as	is
ur	ar	ir	or
ac	ic	oc	uc
ig	og	ug	ag
ox	ux	ax	ix
eur	our	oir	oif

INSTRUCTION SUR L'EMPLOI DU TABLEAU.

Premier procédé. Le moniteur montre et prononce *ab* (abe) sans épellation : tous les élèves répètent successivement *ab*; le moniteur montre et prononce *ib* (ibe) : tous les élèves répètent successivement *ib*; et ainsi de suite pour chaque ligne horizontale, en allant de gauche à droite.

Deuxième procédé. Le moniteur montre le groupe *ab* sans le prononcer, et l'élève désigné prononce *ab*; le moniteur montre *ib* : l'élève qui vient après prononce *ib*, etc. Le moniteur suit d'abord les lignes horizontales de gauche à droite, puis les lignes verticales de haut en bas.

Troisième procédé. Le moniteur promène sa baguette dans tous les sens sur le tableau; l'élève désigné prononce le groupe que le moniteur lui montre.

Remarque. Dans tout ce tableau les articulations finales se prononcent de la même manière que si elles étaient suivies d'un *e*, sur lequel on appuierait à peine, comme *be* dans le mot sylla*be*.

Imprimerie de Gustave Gratiot, rue de la Monnaie, 11.

LIBRAIRIE DE L. HACHETTE ET Cie, RUE PIERRE-SARRAZIN, N° 14, A PARIS.

DEUXIÈME CLASSE, N° II. (N° 6.)

MÉTHODE DE LECTURE AVEC OU SANS ÉPELLATION,

Par MM. LAMOTTE, PERRIER, MEISSAS et MICHELOT.

OUVRAGE AUTORISÉ PAR L'UNIVERSITÉ. — QUATRIÈME ÉDITION.

ARTICULATIONS SIMPLES SUIVIES D'UN SON SIMPLE.

ba	**be**	**bé**	**bè**	**bi**	**bo**	**bu**
pe	**pé**	**pè**	**pi**	**po**	**pu**	**pa**
dé	**dè**	**di**	**do**	**du**	**da**	**de**
tè	**ti**	**to**	**tu**	**ta**	**te**	**té**
vi	**vo**	**vu**	**va**	**ve**	**vé**	**vè**
fo	**fu**	**fa**	**fe**	**fé**	**fè**	**fi**
lu	**la**	**le**	**lé**	**lè**	**li**	**lo**
ma	**me**	**mé**	**mè**	**mi**	**mo**	**mu**
ne	**né**	**nè**	**ni**	**no**	**nu**	**na**
jé	**jè**	**ji**	**jo**	**ju**	**ja**	**je**
sè	**si**	**so**	**su**	**sa**	**se**	**sé**
zi	**zo**	**zu**	**za**	**ze**	**zé**	**zè**
ro	**ru**	**ra**	**re**	**ré**	**rè**	**ri**
cu	**ca**	»	»	»	»	**co**
ga	»	»	»	»	**go**	**gu**
xe	**xé**	»	**xi**	**xo**	**xu**	**xa**

INSTRUCTION SUR L'EMPLOI DU TABLEAU.

Premier procédé. Le moniteur montre et prononce *ba* sans épellation : tous les élèves répètent successivement *ba*; le moniteur montre et prononce *be* : tous les élèves répètent successivement *be*; et ainsi de suite pour chaque ligne horizontale en allant de gauche à droite.

Deuxième procédé. Le moniteur montre la syllabe *ba* sans la prononcer : l'élève désigné prononce *ba*; le moniteur montre *be* : l'élève qui vient après prononce *be*, etc. Le moniteur suit d'abord les lignes horizontales de gauche à droite, puis les lignes verticales de haut en bas.

Troisième procédé. Le moniteur promène sa baguette dans tous les sens sur le tableau; l'élève désigné prononce la syllabe que le moniteur lui montre.

Imprimerie de GUSTAVE GRATIOT, rue de la Monnaie, 11.

LIBRAIRIE DE L. HACHETTE ET Cie, RUE PIERRE-SARRAZIN, N° 14, A PARIS.

ENSEIGNEMENT MUTUEL ET ENSEIGNEMENT SIMULTANÉ.

DEUXIÈME CLASSE, N° III. (N° 7.)

MÉTHODE DE LECTURE AVEC OU SANS ÉPELLATION,

Par MM. Lamotte, Perrier, Meissas et Michelot.

OUVRAGE AUTORISÉ PAR L'UNIVERSITÉ. — QUATRIÈME ÉDITION.

EXERCICES SUR LES SONS SUIVIS OU PRÉCÉDÉS D'UNE ARTICULATION SIMPLE.

a-mi	**la lu-ne**	**a-bo-li**	**ab-so-lu**
â-me	**un ma-ri**	**u-ni-té**	**al-té-ré**
é-pi	**la mè-re**	**mé-di-re**	**ar-tè-re**
é-mu	**un zé-ro**	**su-bi-te**	**ar-ca-de**
î-le	**du zè-le**	**sé-pa-ré**	**ad-mi-ré**
i-ra	**la sé-ve**	**a-do-ré**	**al-cô-ve**
o-de	**un ca-fé**	**l'o-va-le**	**ac-ti-ve**
ô-te	**le cu-ré**	**l'i-do-le**	**al-ca-de**
u-ne	**la zô-ne**	**é-tu-de**	**al-ca-li**
u-ni	**la ri-xe**	**é-co-le**	**ob-te-nu**
bu-re	**la ta-xe**	**sa-la-de**	**or-bi-te**
bi-le	**un ju-ré**	**do-ru-re**	**oc-ta-ve**
pè-re	**la ta-pe**	**re-mè-de**	**un or-me**
pa-pe	**un pâ-té**	**fê-lu-re**	**or-ga-ne**
du-pe	**la ra-ve**	**dé-vo-ré**	**al-vé-o-le**
da-té	**la mo-de**	**co-lo-ré**	**ap-ti-tu-de**
ve-lu	**la li-me**	**vé-né-ré**	**ar-ba-lè-te**
vi-te	**la ri-de**	**dé-pu-té**	**u-ne ar-me**
fi-ne	**du sa-lé**	**o-xy-dé**	**ar-ti-cu-lé**
fa-de	**on dî-ne**	**pa-ra-de**	**oc-to-go-ne**
la-me	**on fu-me**	**to-pa-ze**	**ur-ba-ni-té**

INSTRUCTION SUR L'EMPLOI DU TABLEAU.

Premier procédé. Le moniteur montre et prononce *a-mi*, d'abord couramment, puis en séparant les syllabes : tous les élèves répètent successivement *a-mi*, en séparant les syllabes. Le moniteur lit ensuite de la même manière *â-me* : tous les élèves répètent successivement *â-me*, etc.; on continue ainsi en parcourant chaque ligne verticale de haut en bas.

Deuxième procédé. Le moniteur montre *a-mi* : l'élève désigné dit *ami*, en séparant les syllabes; le moniteur montre *â-me* : l'élève qui vient après dit *â-me*, en séparant les syllabes; et ainsi de suite dans l'ordre indiqué pour le premier procédé.

Troisième procédé. Le moniteur montre un mot pris au hasard : l'élève désigné prononce ce mot couramment, sans séparer les syllabes; le moniteur montre un autre mot : l'élève suivant le prononce couramment, etc.

Remarque. On ne doit énoncer ni les apostrophes ni les accents.

Imprimerie de Gustave GRATIOT, rue de la Monnaie, 11.

LIBRAIRIE DE L. HACHETTE ET Cie, RUE PIERRE-SARRAZIN, N° 14, A PARIS.

DEUXIÈME CLASSE, N° IV. (N° 8.)

MÉTHODE DE LECTURE AVEC OU SANS ÉPELLATION,

Par MM. Lamotte, Perrier, Meissas et Michelot.

OUVRAGE AUTORISÉ PAR L'UNIVERSITÉ. — QUATRIÈME ÉDITION.

ARTICULATIONS SIMPLES SUIVIES D'UN SON COMPOSÉ DANS LA FORME.

beu	bou	ban	bin	bon	bun	boi
pou	pan	pin	pon	pun	poi	peu
dan	din	don	dun	doi	deu	dou
tin	ton	tun	toi	teu	tou	tan
von	vun	voi	veu	vou	van	vin
fun	foi	feu	fou	fan	fin	fon
loi	leu	lou	lan	lin	lon	lun
meu	mou	man	min	mon	mun	moi
nou	nan	nin	non	nun	noi	neu
jan	jin	jon	jun	joi	jeu	jou
sin	son	sun	soi	seu	sou	san
zon	zun	zoi	zeu	zou	zan	zin
run	roi	reu	rou	ran	rin	ron
coi		cou	can		con	cun
	gou	gan		gon	gun	goi

INSTRUCTION SUR L'EMPLOI DU TABLEAU.

Premier procédé. Le moniteur montre et prononce *beu* sans épellation : tous les élèves répètent successivement *beu ;* le moniteur montre et prononce *bou :* tous les élèves répètent successivement *bou;* et ainsi de suite en parcourant chaque ligne horizontale, de gauche à droite.

Deuxième procédé. Le moniteur montre *beu*, sans le prononcer : l'élève désigné prononce *beu;* le moniteur montre *bou :* l'élève suivant prononce *bou*, etc. On parcourt d'abord les lignes horizontales, de gauche à droite, puis les lignes verticales, de haut en bas.

Troisième procédé. Le moniteur promène sa baguette sur le tableau, dans tous les sens : chaque élève désigné prononce la syllabe qu'on lui montre.

Imprimerie de Gustave GRATIOT, rue de la Monnaie, 11.

LIBRAIRIE DE L. HACHETTE ET Cie, RUE PIERRE-SARRAZIN, N° 14, A PARIS.

DEUXIÈME CLASSE, N° V. (N° 9.)

MÉTHODE DE LECTURE AVEC OU SANS ÉPELLATION,

Par MM. Lamotte, Perrier, Meissas et Michelot.

OUVRAGE AUTORISÉ PAR L'UNIVERSITÉ. — QUATRIÈME ÉDITION.

EXERCICES SUR LES ARTICULATIONS SIMPLES SUIVIES D'UN SON COMPOSÉ DANS LA FORME.

bou-din	**le la-pin**	**la mé-moi-re**
bou-le	**la voû-te**	**u-ne meu-le**
boi-re	**du ga-zon**	**à son ne-veu**
bâ-ton	**la pou-le**	**in-di-vi-du**
bon-té	**un pin-son**	**le fan-tô-me**
poi-re	**la fou-le**	**la pin-ta-de**
pin-te	**le mon-de**	**la dé-rou-te**
din-don	**la jan-te**	**un vé-té-ran**
dé-mon	**le ru-ban**	**la gon-do-le**
tan-te	**le la-tin**	**à son con-voi**
van-té	**le bon vin**	**de l'a-mi-don**
fon-du	**la fon-te**	**un ou-ra-gan**
fou-lon	**un pan-tin**	**à l'a-ban-don**
lun-di	**la dan-se**	**le pa-te-lin**
mou-lin	**la san-té**	**de son can-ton**
mou-ton	**le bu-tin**	**du fé-mi-nin**
ju-pon	**de l'a-lun**	**in-fi-dè-le**
son-de	**un mou-le**	**in-fan-te-ri-e**
rou-te	**la ron-de**	**la cou-tu-re**
con-te	**le bu-rin**	**de l'ar-moi-re**
gan-se	**un a-veu**	**la re-dou-te**

INSTRUCTION SUR L'EMPLOI DU TABLEAU.

Premier procédé. Le moniteur montre et prononce *bou-din*, d'abord couramment, puis en séparant les syllabes : tous les élèves répètent successivement *bou-din*, en séparant les syllabes. Le moniteur lit ensuite de la même manière *bou-le* : tous les élèves répètent successivement *bou-le*, etc. On continue ainsi en parcourant chaque ligne verticale de haut en bas.

Deuxième procédé. Le moniteur montre *bou-din* : l'élève désigné dit *bou-din*, en séparant les syllabes ; le moniteur montre *bou-le* : l'élève qui vient après dit *bou-le*, en séparant les syllabes ; et ainsi de suite, dans l'ordre indiqué pour le premier procédé.

Troisième procédé. Le moniteur montre un mot pris au hasard : l'élève désigné prononce ce mot couramment, sans séparer les syllabes ; le moniteur montre un autre mot : l'élève suivant le prononce couramment, etc.

Remarque. On ne doit énoncer ni les apostrophes ni les accents.

Imprimerie de Gustave Gratiot, rue de la Monnaie, 11.

LIBRAIRIE DE L. HACHETTE ET Cie, RUE PIERRE-SARRAZIN, N° 14, A PARIS.

TROISIÈME CLASSE, N° I. (N° 10.)

MÉTHODE DE LECTURE AVEC OU SANS ÉPELLATION,

Par MM. Lamotte, Perrier, Meissas et Michelot.

OUVRAGE AUTORISÉ PAR L'UNIVERSITÉ, — QUATRIÈME ÉDITION.

SONS ÉQUIVALENTS.

SONS SIMPLES.	SONS ÉQUIVALENTS.	EXERCICES SUR LES SONS ÉQUIVALENTS.		
(é)	ai	j'ai-mai	je cou-pai	je dan-se-rai
(è)	ê	bê-te	la fê-te	le ca-rê-me
(è)	ai	ai-de	un ba-lai	or-di-nai-re
(è)	ei	rei-ne	ba-lei-ne	u-ne vei-ne
(è)	ey	le dey	le bey	
(è)	e (1)	el-le	es-ti-me	un er-mi-te
(i)	y	my-o-pe (2)	py-ra-mi-de	sy-no-ny-me
(o)	au	au-be	le sau-le	u-ne mau-ve
(o)	eau	un veau	le ba-teau	un man-teau
(an)	am	am-be	la jam-be	une lam-pe
(an)	em	em-pi-re	em-bau-mé	em-boî-tu-re
(an)	en	len-te	en-ten-du	u-ne ren-te
(in)	im	im-bu	lim-pi-de	im-pu-ni-té
(in)	ym	tym-pan	l'O-lym-pe	le sym-bo-le
(in)	yn	syn-ta-xe	syn-co-pe	syn-di-ca-le
(in)	aim	le daim	il a faim	un es-saim
(in)	ain	le pain	du le-vain	le len-de-main
(in)	en	ri-en (2)	le mi-en	j'ai le si-en
(in)	ein	le sein	pein-tu-re	la tein-tu-re
(on)	om	le nom	la tom-be	u-ne bom-be

INSTRUCTION SUR L'EMPLOI DU TABLEAU.

Premier procédé. Le moniteur montre et prononce *é*, en tête de la colonne intitulée *sons simples*; ensuite il montre *ai* (colonne des *sons équivalents*), et prononce *é*: tous les élèves répètent *é*. Le moniteur montre et prononce *j'ai-mai* (jé-mé), d'abord couramment, puis en séparant les syllabes : tous les élèves répètent *jé-mé*, en séparant les syllabes; de même pour *je cou-pai* (je cou-pé). Passant à la deuxième ligne, le moniteur montre et prononce (è), puis il montre *ê* et prononce *è* : tous les élèves répètent *è*. Le moniteur montre et prononce *bê-te* (bè-te) : tous les élèves répètent *bè-te*, etc., ainsi de suite pour les autres lignes horizontales.

Deuxième procédé. Le moniteur montre *ai* : l'élève dit *é*; le moniteur montre *j'ai-mai* : le même élève dit *jé-mé*, en séparant les syllabes; le moniteur montre *je cou-pai* : l'élève suivant dit *je cou-pé*, etc. Passant à la deuxième ligne, le moniteur montre *ê* : l'élève dit *è*; le moniteur montre *bê-te* : le même élève dit *bè-te*, etc.; on fait de même pour chaque ligne horizontale.

Troisième procédé. Le moniteur montre au hasard un mot : l'élève désigné le prononce couramment.

(1) *Première remarque.* *e* se prononce *è*, 1° lorsqu'il est suivi de deux articulations; ainsi dans *el-le*, la syllabe *el* se prononce *è*; dans *es-ti-me*, *es* se prononce *ès*; dans *er-mi-te*, *er* se prononce *èr*; 2° toujours lorsqu'il est suivi des articulations *t* (excepté dans *et*) *f*, *l*, *m*, *c*, *x*, comme dans *pou-let*, *bref*, *au-tel*, *i-dem*, *bec*, *in-dex*; et quelquefois lorsqu'il est suivi des articulations finales, *n*, *s*, *r*, comme dans *a-men*, *mes*, *a-mer* (Voyez pour les exemples du 2e cas le tableau n° 25).

(2) *Deuxième remarque.* La distinction des diphthongues étant inutile pour apprendre à lire, on les prononcera comme si les deux sons qui les composent appartenaient à deux syllabes différentes, en ayant soin de faire entendre très-faiblement le premier son.

Imprimerie de Gustave GRATIOT, rue de la Monnaie, 11.

LIBRAIRIE DE L. HACHETTE ET Cie, RUE PIERRE-SARRAZIN, N° 14, A PARIS.

TROISIÈME CLASSE, N° II. (N° 11.)

MÉTHODE DE LECTURE AVEC OU SANS ÉPELLATION,

Par MM. LAMOTTE, PERRIER, MEISSAS et MICHELOT.

OUVRAGE AUTORISÉ PAR L'UNIVERSITÉ. — QUATRIÈME ÉDITION.

ARTICULATIONS SIMPLES.	ARTICULATIONS ÉQUIVALENTES.	EXERCICES SUR LES ARTICULATIONS ÉQUIVALENTES.		
(b)	**bb**	**a-bbé**	**le ra-bbin**	**de l'a-bbes-se**
(p)	**pp**	**na-ppe**	**a-ppe-lé**	**en-ve-lo-ppe**
(t)	**tt**	**bo-tte**	**la da-tte**	**de l'a-tten-te**
(f)	**ff**	**ga-ffe**	**o-ffen-se**	**de l'a-ffai-re**
(f)	**ph**	**nym-phe**	**un pha-re**	**co-lo-pha-ne**
(l)	**ll**	**fo-lle**	**un ba-llon**	**a-llu-met-te**
(m)	**mm**	**po-mme**	**la so-mme**	**de la go-mme**
(n)	**nn**	**bo-nne**	**un to-nneau**	**la con-so-nne**
(j)[1]	**g**	**rou-ge**	**gi-ra-fe**	**gé-né-ra-le**
(s)	**ss**	**cou-ssin**	**a-ssu-ré**	**la cou-li-sse**
(s)	**ç**	**re-çu**	**la ran-çon**	**il a-van-ça**
(s)[2]	**c,sc**	**ce-ci**	**la sci-e**	**à la scè-ne**
(s)[3]	**t**	**po-ti-on**	**mi-nu-ti-e**	**am-bi-ti-on**
(s)[4]	**x**	**le six**	**j'ai le dix**	**de soi-xan-te**
(z)[5]	**s**	**ro-seau**	**la rai-son**	**l'oi-si-ve-té**
(z)[6]	**x**	**di-xi-è-me**	**si-xi-è-me**	**deu-xi-è-me**
(r)	**rr**	**ba-rre**	**un ma-rron**	**a-rri-va-ge**
(c)	**cc**	**a-cco-té**	**o-ccu-pé**	**a-cco-mmo-dé**
(c)	**q,qu**	**un coq**	**é-qui-té**	**la quan-ti-té**
(c)	**k**	**ki-lo-gra-mme**	**un ki-o-sque**	**ky-ri-el-le**
(c)	**ch**	**é-cho**	**cho-lé-ra**	**a-na-cho-rè-te**
(g)	**gg,gu**	**a-ggra-ver**	**la guê-pe**	**la gué-ri-te**
(gz)[7]	**x**	**ex-au-cé**	**ex-a-men**	**ex-a-gé-ré**

INSTRUCTION SUR L'EMPLOI DU TABLEAU.

Premier procédé. Le moniteur montre *(b)* et prononce *(be)*, puis il montre *bb* et prononce *be* : tous les élèves répètent successivement *be*; le moniteur montre et prononce *a-bbé*, d'abord couramment, puis en séparant les syllabes : tous les élèves disent successivement *a-bbé* en séparant les syllabes ; de même pour *le ra-bbin* et *de l'a-bbes-se*. On fait un exercice semblable pour chaque ligne horizontale.

Deuxième procédé. Le moniteur montre *bb* : l'élève désigné dit *be* ; le moniteur montre *a-bbé* : le même élève dit *a-bbé*, en séparant les syllabes; le moniteur montre *le ra-bbin* : l'élève suivant dit *le ra-bbin*, etc.

Troisième procédé. Le moniteur montre un mot pris au hasard : l'élève désigné dit ce mot couramment, sans séparer les syllabes.

(1) *Première remarque. g* devant e, é, è, i, se prononce comme un *(j)*.

(2) *Deuxième remarque. c* et *sc* devant e, é, è, i, se prononcent comme un *(s)*.

(3) *Troisième remarque.* Dans certains mots, *t* devant i, suivi d'une voyelle, se prononce comme un *(s)*.

(4) *Quatrième remarque. x*, dans quelques noms de nombre, se prononce comme un *(s)*.

(5) *Cinquième remarque. s*, entre deux voyelles ou sons, se prononce comme un *(z)*.

(6) *Sixième remarque. x*, dans quelques noms de nombre, se prononce comme un *(z)*.

(7) *Septième remarque. x*, quoique représenté par un seul caractère, est réellement une articulation double, qui ne peut être l'équivalente que d'une articulation double. C'est par ce motif qu'on a placé *gz* dans la première colonne.

Imprimerie de GUSTAVE GRATIOT, rue de la Monnaie, 11.

LIBRAIRIE DE L. HACHETTE ET Cie, RUE PIERRE-SARRAZIN, N° 14, A PARIS.

TROISIÈME CLASSE, N° III. (N° 12.)

MÉTHODE DE LECTURE AVEC OU SANS ÉPELLATION,

Par MM. Lamotte, Perrier, Meissas et Michelot.

OUVRAGE AUTORISÉ PAR L'UNIVERSITÉ. — QUATRIÈME ÉDITION.

EXERCICES SUR LES SONS ÉQUIVALENTS ET SUR LES ARTICULATIONS ÉQUIVALENTES.

tai-re
fai-re
can-can
pen-te
fau-te
sai-son
quin-ze
sei-ze
sain-foin
pein-te
la main
le tain
ai-rain
jau-ne
pi-geon
jam-bon
moi-neau
ci-seau
gâ-teau
dé-lai
tra-ce
ge-nou
fu-seau

dé-pen-se
men-son-ge
cin-quan-te
mau-vai-se
o-ppo-sé
a-men-de
cu-i-sson
cou-veu-se
bou-sso-le
mi-ne-rai
es-pè-ce
a-ffa-mé
la soi-ré-e
un cou-teau
se-mai-ne
nei-geu-se
na-ti-on
ex-i-ge
la pom-pe
é-pon-ge
le mon-ceau
dé-gè-le
or-an-ge

or-di-nai-re
vex-a-toi-re
re-sse-me-lé
le sou-ve-rain
la mo-lles-se
res-su-sci-té
la so-nnet-te
ex-é-cu-té
un ex-i-lé
la ga-zet-te
un do-mai-ne
la pe-lou-se
la fa-ça-de
la rou-geo-le
la na-geoi-re
la sa-ges-se
la cu-vet-te
la gé-ni-sse
a-gi-li-té
le mé-de-cin
le ta-pa-ge
le mé-na-ge
la mi-sè-re

com-po-si-ti-on
in-tem-pé-ran-ce
au-xi-li-ai-re
ex-pé-ri-en-ce
le ré-fu-gi-é
la de-moi-sel-le
la cu-i-si-ne
la li-si-è-re
la pau-pi-è-re
la sa-li-è-re
la so-ci-é-té
la ca-pu-ci-ne
la ca-pa-ci-té
le do-mi-ci-le
la ci-se-lu-re
la vé-ra-ci-té
la do-ci-li-té
la lé-gè-re-té
la re-no-mmé-e
u-ne de-vi-se
de la ti-sa-ne
il fa-vo-ri-se
la dé-di-ca-ce

INSTRUCTION SUR L'EMPLOI DU TABLEAU.

Premier procédé. Le moniteur montre et prononce *dé-pen-se*, d'abord couramment, puis en séparant les syllabes : tous les élèves répètent successivement *dé-pen-se*. Le moniteur lit ensuite de la même manière *men-son-ge* : tous les élèves répètent successivement *men-son-ge*, etc. On continue ainsi, en parcourant chaque ligne verticale, de haut en bas.

Deuxième procédé. Le moniteur montre *dé-pen-se* : l'élève désigné dit *dé-pen-se*, en séparant les syllabes ; le moniteur montre *men-son-ge* : l'élève suivant dit *men-son-ge*, en séparant les syllabes ; et ainsi de suite, dans l'ordre indiqué par le premier procédé.

Troisième procédé. Le moniteur montre un mot pris au hasard : l'élève désigné prononce ce mot couramment, sans séparer les syllabes ; le moniteur montre un autre mot : l'élève suivant le prononce couramment, etc.

Imprimerie de Gustave GRATIOT, rue de la Monnaie, 11.

LIBRAIRIE DE L. HACHETTE ET Cie, RUE PIERRE-SARRAZIN, N° 14, A PARIS.

QUATRIÈME CLASSE, N° I. (N° 13.)

MÉTHODE DE LECTURE AVEC OU SANS ÉPELLATION,

Par MM. LAMOTTE, PERRIER, MEISSAS et MICHELOT.

OUVRAGE AUTORISÉ PAR L'UNIVERSITÉ. — QUATRIÈME ÉDITION.

ARTICULATIONS DE DEUX LETTRES.

bl br pl pr ps

dr tr vr fl fr

sp st sc

cl cr gl gr

ch gn

INSTRUCTION SUR L'EMPLOI DU TABLEAU.

Premier procédé. Le moniteur montre et prononce *bl* (ble), sans épellation : tous les élèves répètent successivement *ble*; le moniteur montre et prononce *br* (bre) : tous les élèves répètent successivement *bre*; et ainsi de suite pour chaque ligne horizontale.

Deuxième procédé. Le moniteur montre *bl* : l'élève désigné prononce *ble*; le moniteur montre *br* : l'élève désigné prononce *bre*, etc.

Troisième procédé. Le moniteur montre au hasard une articulation de deux lettres : l'élève désigné la prononce comme si elle était suivie d'un *e*, etc.

Troisième remarque. *sc* se prononce comme dans le mot *scan*-da-le.

Deuxième remarque. *ch* se prononce comme dans le mot *cha*-peau.

Première remarque. *gn* se prononce comme dans le mot a-*gneau*.

Imprimerie de GUSTAVE GRATIOT, rue de la Monnaie, 11.

LIBRAIRIE DE L. HACHETTE ET Cie, RUE PIERRE-SARRAZIN, N° 14, A PARIS.

QUATRIÈME CLASSE, N° II. (N° 14.)

MÉTHODE DE LECTURE AVEC OU SANS ÉPELLATION,

Par MM. Lamotte, Perrier, Meissas et Michelot.

OUVRAGE AUTORISÉ PAR L'UNIVERSITÉ. — QUATRIÈME ÉDITION.

ARTICULATIONS DE DEUX LETTRES SUIVIES D'UN SON.

bla	**blin**	**blon**	**ble**	**bleu**	**blè**	**bli**
bre	**bron**	**bra**	**bro**	**bru**	**brin**	**bré**
plé	**plein**	**plom**	**pla**	**ploi**	**ple**	**pli**
pré	**pru**	**pren**	**pri**	**prou**	**prom**	**prai**
psy	**psau**	**pseu**	**psa**	**pso**	**psi**	**pse**
dro	**drai**	**dron**	**dra**	**dru**	**dreu**	**dri**
tru	**trê**	**trou**	**tran**	**train**	**trom**	**troi**
vro	**vrai**	**vran**	**vri**	**vre**	**vron**	**vré**
fleu	**flam**	**flu**	**fle**	**flo**	**flé**	**fla**
fran	**frein**	**frai**	**fré**	**fri**	**fro**	**froi**

INSTRUCTION SUR L'EMPLOI DU TABLEAU.

Premier procédé. Le moniteur montre et prononce *bla* sans épellation : tous les élèves répètent successivement *bla;* le moniteur montre et prononce *blin* : tous les élèves répètent successivement *blin,* et ainsi de suite pour chaque ligne horizontale.

Deuxième procédé. Le moniteur montre *bla* : l'élève désigné dit *bla;* le moniteur montre *blin* : l'élève suivant dit *blin,* etc.; après avoir parcouru les lignes horizontales, le moniteur suit les lignes verticales.

Troisième procédé. Le moniteur montre une syllabe au hasard : l'élève désigné prononce cette syllabe; le moniteur montre une autre syllabe : l'élève suivant prononce cette syllabe. Le moniteur parcourt ainsi le tableau dans tous les sens.

Imprimerie de Gustave GRATIOT, rue de la Monnaie, 11.

LIBRAIRIE DE L. HACHETTE ET Cie, RUE PIERRE-SARRAZIN, N° 14, A PARIS.

QUATRIÈME CLASSE, N° III. (N° 15.)

MÉTHODE DE LECTURE AVEC OU SANS ÉPELLATION,

Par MM. LAMOTTE, PERRIER, MEISSAS et MICHELOT.

OUVRAGE AUTORISÉ PAR L'UNIVERSITÉ. — QUATRIÈME ÉDITION.

SUITE DES ARTICULATIONS DE DEUX LETTRES SUIVIES D'UN SON.

spa	**spé**	**spon**	**spi**	**spo**	**spè**	**spu**
ste	**stan**	**stu**	**sta**	**sto**	**stin**	**sti**
sco	**scu**	**scan**	**sca**	**scom**	**scau**	
clou	**clé**	**clin**	**cli**	**clan**	**clo**	**cloi**
cré	**cran**	**cri**	**croi**	**crin**	**cru**	**cre**
gla	**glon**	**glu**	**gli**	**gle**	**glè**	**glo**
gre	**gran**	**gra**	**grain**	**gri**	**gro**	**gru**
chou	**cham**	**cha**	**chau**	**chon**	**chu**	**chè**
gno	**gnan**	**gné**	**gnon**	**gneau**	**gna**	**gni**

INSTRUCTION SUR L'EMPLOI DU TABLEAU.

Premier procédé. Le moniteur montre et prononce *spa* : tous les élèves répètent successivement *spa;* le moniteur montre et prononce *spé* : tous les élèves répètent successivement *spé;* et ainsi de suite, pour chaque ligne horizontale.

Deuxième procédé. Le moniteur montre *spa* : l'élève désigné dit *spa;* le moniteur montre *spé* : l'élève suivant dit *spé ;* et ainsi de suite pour chaque ligne horizontale et pour chaque ligne verticale.

Troisième procédé. Le moniteur montre une syllabe au hasard : l'élève désigné prononce cette syllabe; le moniteur montre une autre syllabe : l'élève suivant la prononce. Le moniteur parcourt ainsi le tableau dans tous les sens.

Imprimerie de GUSTAVE GRATIOT, rue de la Monnaie, 11.

LIBRAIRIE DE L. HACHETTE ET Cie, RUE PIERRE-SARRAZIN, N° 14, A PARIS.

QUATRIÈME CLASSE, N° IV. (N° 16.)

MÉTHODE DE LECTURE AVEC OU SANS ÉPELLATION,

Par MM. Lamotte, Perrier, Meissas et Michelot.

OUVRAGE AUTORISÉ PAR L'UNIVERSITÉ. — QUATRIÈME ÉDITION.

EXERCICES SUR LES ARTICULATIONS DE DEUX LETTRES SUIVIES D'UN SON.

blê-me
blo-qué
blu-té
blan-chi
bla-son
blai-reau
blon-de
bru-gnon
brè-che
bri-de
bro-che
bron-ze
cou-ple
pli-é
em-ploi
proi-e
pren-dre
pri-me
prou-ver
â-pre
pru-neau
prê-che
prê-tre

le prin-ce
bleu-â-tre
un psau-me
é-cli-psa
Es-pa-gne
com-pa-gnon
j'ai soi-gné
é-loi-gna
Ca-ly-pso
é-cli-pse
dro-gui-ste
je vou-drai
es-ca-dron
dru-i-de
pou-dreu-se
le trou-ble
ex-trê-me
la trou-pe
la tran-che
la trom-pe
un stè-re
di-gni-té
dé-li-vré

psy-cho-lo-gi-e
pseu-do-ny-me
du gi-ro-fle
u-ne fla-que
u-ne flè-che
u-ne flo-tte
un flam-beau
un flo-con
la fran-chi-se
u-ne frai-se
mon frè-re
en fri-che
vo-tre froi-deur
j'ai spé-cu-lé
spi-ra-le
la dis-pu-te
il a scan-dé
sco-la-sti-que
vo-tre sto-re
troi-si-è-me
la stan-ce
stu-di-eux
sti-pu-lé

spo-li-a-ti-on
la clé-men-ce
la clô-tu-re
clan-des-ti-ne-ment
u-ne cloi-son
la cré-a-tu-re
du grain cri-blé
à la croi-sé-e
bi-bli-o-thè-que
à la glè-be
u-ne gran-ge
gra-ci-eu-se
gri-è-ve-té.
chau-de-ment
un cor-ni-chon
i-gno-mi-ni-e
spon-gi-eu-se
sca-ra-bé-e
ré-gnan-te
il a ro-gné
un gro-gnon
un a-gneau
re-pri-se

INSTRUCTION SUR L'EMPLOI DU TABLEAU.

Premier procédé. Le moniteur montre et prononce *blé-me*, d'abord couramment, puis en séparant les syllabes : tous les élèves répètent successivement *blé-me*, en séparant les syllabes ; le moniteur montre et prononce *blo-qué* : tous les élèves répètent successivement *blo-qué*, etc. ; on continue ainsi en parcourant chaque ligne verticale de haut en bas.

Deuxième procédé. Le moniteur montre *blé-me* : l'élève désigné dit *blême*, en séparant les syllabes ; le moniteur montre *blo-qué* : l'élève dit *blo-qué*, en séparant les syllabes ; et ainsi de suite dans l'ordre indiqué pour le premier procédé.

Troisième procédé. Le moniteur montre un mot pris au hasard : l'élève désigné prononce ce mot couramment, sans séparer les syllabes ; le moniteur montre un autre mot : l'élève suivant le prononce couramment, etc.

Imprimerie de Gustave Gratiot, rue de la Monnaie, 11.

LIBRAIRIE DE L. HACHETTE ET Cie, RUE PIERRE-SARRAZIN, N° 14, A PARIS.

CINQUIÈME CLASSE, N° 1. (N° 17.)

MÉTHODE DE LECTURE AVEC OU SANS ÉPELLATION,

Par MM. Lamotte, Perrier, Meissas et Michelot.

OUVRAGE AUTORISÉ PAR L'UNIVERSITÉ. — QUATRIÈME ÉDITION.

SONS ENTRE DEUX ARTICULATIONS QUI SE PRONONCENT.

bal	**bel**	**bil**	**bol**	**bas**	**bis**	**bos**
bar	**ber**	**bir**	**bor**	**bac**	**bec**	**bic**
pal	**pel**	**pil**	**pol**	**pul**	**pas**	**par**
per	**pir**	**por**	**pur**	**pac**	**pec**	**pic**
dot	**dal**	**del**	**dil**	**dol**	**dul**	**das**
dis	**dar**	**dor**	**dur**	**dac**	**dic**	**duc**
tuf	**tal**	**tel**	**til**	**tol**	**tas**	**tes**
tar	**ter**	**tir**	**tor**	**tur**	**tac**	**tic**
vif	**val**	**vel**	**vil**	**vol**	**vul**	**vas**
vis	**var**	**ver**	**vir**	**vor**	**vac**	**vic**
fat	**fal**	**fil**	**fos**	**for**	**fac**	**fic**
las	**les**	**lis**	**los**	**lus**	**lar**	**ler**
lir	**lor**	**lur**	**lac**	**lic**	**loc**	**luc**
mal	**mel**	**mil**	**mol**	**mul**	**mas**	**mès**
mos	**mus**	**mar**	**mer**	**mir**	**mor**	**mur**

INSTRUCTION SUR L'EMPLOI DU TABLEAU.

Premier procédé. Le moniteur montre et prononce *bal* (bale) : tous les élèves répètent successivement *bal* ; le moniteur montre et prononce *bel* (bèle) : tous les élèves répètent successivement *bel* ; et ainsi de suite, en parcourant les lignes horizontales de gauche à droite, et en faisant sentir les articulations finales.

Deuxième procédé. Le moniteur montre la syllabe *bal*, sans la prononcer : l'élève désigné prononce *bale*; le moniteur montre *bel* : l'élève suivant prononce *bèle*, etc.; on parcourt ainsi, d'abord les lignes horizontales de gauche à droite, puis les lignes verticales de haut en bas, toujours en prononçant les articulations finales.

Troisième procédé. Le moniteur promène sa baguette dans tous les sens sur le tableau : l'élève désigné prononce la syllabe que le moniteur lui montre.

Imprimerie de Gustave Gratiot, rue de la Monnaie, 11.

LIBRAIRIE DE L. HACHETTE ET Cie, RUE PIERRE-SARRAZIN, N° 14, A PARIS.

CINQUIÈME CLASSE, N° II. (N° 18.)

MÉTHODE DE LECTURE AVEC OU SANS ÉPELLATION,

Par MM. LAMOTTE, PERRIER, MEISSAS et MICHELOT.

OUVRAGE AUTORISÉ PAR L'UNIVERSITÉ. — QUATRIÈME ÉDITION.

SUITE DES SONS ENTRE DEUX ARTICULATIONS QUI SE PRONONCENT.

nat	**net**	**nit**	**nef**	**nif**	**nal**	**nel**
nil	**nas**	**nis**	**nar**	**nir**	**nur**	**nac**
jal	**jil**	**jas**	**jes**	**jar**	**jor**	**jac**
sub	**sep**	**sif**	**sil**	**sol**	**sul**	**sas**
sur	**sir**	**sor**	**sac**	**sec**	**soc**	**suc**
zag	**zig**	**zur**	**rep**	**red**	**rit**	**rif**
ra	**res**	**ris**	**ros**	**rus**	**ric**	**roc**
cap	**quif**	**quar**	**cal**	**quel**	**ques**	**col**
cul	**cas**	**cos**	**cus**	**car**	**quer**	**cor**
gal	**guel**	**gol**	**gas**	**gar**	**guir**	**gor**
boul	**beur**	**bour**	**boir**	**bouc**	**poil**	**peur**
pour	**poir**	**deur**	**dour**	**doir**	**teur**	**tour**
toir	**veur**	**voir**	**feur**	**four**	**leur**	**lour**
loir	**meur**	**mour**	**moir**	**jeur**	**jour**	**soif**
seur	**sour**	**soir**	**queur**	**cour**	**gueur**	**gour**

INSTRUCTION SUR L'EMPLOI DU TABLEAU.

Premier procédé. Le moniteur montre et prononce *nat* (nate) : tous les élèves répètent successivement *nate* ; le moniteur montre et prononce *net* (nète) : tous les élèves répètent successivement *néte*; et ainsi de suite, en parcourant chaque ligne horizontale de gauche à droite, et en faisant sentir les articulations finales.

Deuxième procédé. Le moniteur montre *nat*, sans le prononcer : l'élève désigné prononce *nate* ; le moniteur montre *net* : l'élève suivant prononce *néte*, etc. On parcourt d'abord les lignes horizontales de gauche à droite, puis les lignes verticales de haut en bas, toujours en prononçant les articulations finales.

Troisième procédé. Le moniteur promène dans tous les sens sa baguette sur le tableau : chaque élève désigné prononce la syllabe qu'on lui montre.

Imprimerie de GUSTAVE GRATIOT, rue de la Monnaie, 11.

LIBRAIRIE DE L. HACHETTE ET Cie, RUE PIERRE-SARRAZIN, N° 14, A PARIS.

CINQUIÈME CLASSE, N° III. (N° 19.)

MÉTHODE DE LECTURE AVEC OU SANS ÉPELLATION,

Par MM. Lamotte, Perrier, Meissas et Michelot.

OUVRAGE AUTORISÉ PAR L'UNIVERSITÉ. — QUATRIÈME ÉDITION.

EXERCICES SUR LES SONS PLACÉS ENTRE DEUX ARTICULATIONS QUI SE PRONONCENT.

bal-con	**cor-nac**	**bur-les-que**	**la tar-ti-ne**
su-bir	**syn-dic**	**a-lam-bic**	**le tes-ta-teur**
ber-ge	**par-tir**	**por-ti-que**	**un car-di-nal**
per-du	**fu-tur**	**pur-ga-tif**	**au sou-ve-nir**
par-mi	**tor-du**	**tour-ne-vis**	**la sub-stan-ce**
sou-pir	**mé-tis**	**mé-ri-nos**	**la lec-tu-re**
nou-vel	**mé-tal**	**ré-ser-voir**	**un rep-ti-le**
che-val	**gra-nit**	**pro-spec-tus**	**le ro-ssi-gnol**
ver-tu	**lar-don**	**pec-to-ral**	**en sep-tem-bre**
mar-qué	**pâ-lir**	**var-lo-pe**	**in-sol-va-ble**
fac-teur	**hé-las**	**vir-gi-nal**	**la sar-di-ne**
bé-mol	**si-gnal**	**a-vor-ton**	**la ser-van-te**
dor-mir	**sec-teur**	**in-ves-ti**	**un col-por-teur**
dur-ci	**char-mé**	**vic-toi-re**	**la cul-tu-re**
dar-dé	**cher-che**	**dé-fal-qué**	**vul-né-rai-re**
des-tin	**é-chec**	**ca-ra-mel**	**mul-ti-tu-de**
sub-til	**es-quif**	**mor-fon-dre**	**o-ri-gi-nal**
ca-nif	**car-deur**	**mo-ni-teur**	**nar-co-ti-que**
res-te	**char-bon**	**é-nor-me**	**sul-fu-ri-que**
a-zur	**four-neau**	**hô-pi-tal**	**é-dul-co-ré**
les-te	**mar-teau**	**mar-mi-te**	**fer duc-ti-le**

INSTRUCTION SUR L'EMPLOI DU TABLEAU.

Premier procédé. Le moniteur montre et prononce *bal-con,* d'abord couramment, puis en séparant les syllabes : tous les élèves répètent successivement *bal-con*, en séparant les syllabes; le moniteur lit ensuite de la même manière *su-bir* : tous les élèves répètent successivement *su-bir*. On continue ainsi en parcourant chaque ligne verticale, de haut en bas.

Deuxième procédé. Le moniteur montre *bal-con* : l'élève désigné dit *bal-con*, en séparant les syllabes; le moniteur montre *su-bir* : l'élève qui vient après dit *su-bir*, en séparant les syllabes; et ainsi de suite, dans l'ordre indiqué pour le premier procédé.

Troisième procédé. Le moniteur montre un mot pris au hasard : l'élève désigné prononce le mot couramment, sans séparer les syllabes; le moniteur montre un autre mot : l'élève suivant le prononce couramment, etc.

Imprimerie de Gustave GRATIOT, rue de la Monnaie, 11.

LIBRAIRIE DE L. HACHETTE ET Cie, RUE PIERRE-SARRAZIN, N° 14, A PARIS.

CINQUIÈME CLASSE, N° IV. (N° 20.)

MÉTHODE DE LECTURE AVEC OU SANS ÉPELLATION,

Par MM. LAMOTTE, PERRIER, MEISSAS et MICHELOT.

OUVRAGE AUTORISÉ PAR L'UNIVERSITÉ. — QUATRIÈME ÉDITION.

MOTS TERMINÉS PAR UNE ARTICULATION QUI NE SE PRONONCE PAS.

bas	**vos**	**camp**	**li-vres**	**tu man-ges**
pas	**gros**	**champ**	**fo-ssés**	**tu ai-mes**
chat	**rôt**	**est**	**suc-cès**	**na-vi-res**
plat	**haut**	**dent**	**dé-cès**	**le dé-goût**
mât	**saut**	**gens**	**fo-rêt**	**les Gau-lois**
prés	**seaux**	**daims**	**les mets**	**un dé-troit**
dés	**veaux**	**grains**	**les jets**	**on sur-prend**
prêt	**jeux**	**mains**	**su-is**	**mé-de-cins**
mais	**choux**	**bains**	**fru-it**	**les tra-vaux**
fais	**clous**	**nord**	**mo-raux**	**les ter-rains**
dais	**bout**	**reins**	**es-saims**	**chré-ti-ens**
deys	**voix**	**seing**	**ré-chaud**	**on ti-ent**
beys	**lois**	**bond**	**ca-deaux**	**on vi-ent**
pris	**froid**	**rond**	**tri-bus**	**les des-seins**
cris	**toit**	**jonc**	**é-cus**	**on é-teint**
nid	**dans**	**front**	**tri-but**	**nous chan-tons**
dit	**bans**	**plomb**	**re-fus**	**nous pri-ons**
pis	**banc**	**moins**	**heu-reux**	**les ma-rrons**
lit	**grand**	**point**	**bas bleus**	**ils fe-ront**
pot	**franc**	**poing**	**on peut**	**le dé-funt**
flot	**chant**	**coing**	**on veut**	**un em-prunt**

INSTRUCTION SUR L'EMPLOI DU TABLEAU.

Premier procédé. Le moniteur montre et prononce *bas* (ba) : tous les élèves répètent successivement *ba*; le moniteur montre et prononce *pas* : tous les élèves répètent successivement *pa*; et ainsi de suite, en ayant soin de séparer les syllabes dans les mots qui en ont plusieurs.

Deuxième procédé. Le moniteur montre *bas* : l'élève désigné dit *ba*; le moniteur montre *pas* : l'élève suivant dit *pa*. On continue ainsi en parcourant d'abord les lignes verticales, puis les lignes horizontales, et en séparant les syllabes dans les mots qui en ont plusieurs.

Troisième procédé. Le moniteur montre un mot pris au hasard : l'élève désigné le prononce sans faire entendre l'articulation finale; le moniteur parcourt ainsi le tableau dans tous les sens, ayant soin de faire lire couramment les mots de plusieurs syllabes.

Imprimerie de GUSTAVE GRATIOT, rue de la Monnaie, 11.

LIBRAIRIE DE L. HACHETTE ET Cie, RUE PIERRE-SARRAZIN, N° 14, A PARIS.

ENSEIGNEMENT MUTUEL ET ENSEIGNEMENT SIMULTANÉ.

SIXIÈME CLASSE, N° I. (N° 21.)

MÉTHODE DE LECTURE AVEC OU SANS ÉPELLATION,

Par MM. LAMOTTE, PERRIER, MEISSAS ET MICHELOT.

OUVRAGE AUTORISÉ PAR L'UNIVERSITÉ. — QUATRIÈME ÉDITION.

MOTS TERMINÉS PAR DEUX ARTICULATIONS QUI NE SE PRONONCENT PAS.

lacs	**draps**	**res-pects**	**al-ma-nach**
vingt	**arts**	**l'in-stinct**	**ils por-tent**
francs	**peints**	**por-traits**	**ils ren-dent**
prends	**poids**	**é-tangs**	**bi-en-faits**
doigt	**puits**	**gé-ants**	**ar-ti-chauts**
perds	**poings**	**ca-nards**	**les dé-troits**
mords	**coings**	**rem-parts**	**on co-rrompt**
ports	**gonds**	**le-vrauts**	**les re-mords**
prompt	**fonds**	**ré-chauds**	**les tran-sports**
sauts	**corps**	**con-certs**	**les dé-pôts**
pouls	**mots**	**ad-joints**	**ma-te-lots**
couds	**loups**	**a-ffronts**	**tu dé-couds**
coups	**sourds**	**si-rops**	**ho-mmes soûls**
bœufs	**bourgs**	**a-ccords**	**les fau-bourgs**
romps	**tords**	**a-bords**	**a-bri-cots**
rends	**sots**	**im-pôts**	**les dé-fauts**
flancs	**temps**	**é-gouts**	**les sa-luts**
saints	**aulx**	**ex-empt**	**les ra-goûts**
champs	**bords**	**em-prunts**	**a-ttri-buts**
glands	**clercs**	**a-ffûts**	**bou-le-vards**

INSTRUCTION SUR L'EMPLOI DU TABLEAU.

Premier procédé. Le moniteur montre et prononce *lacs* (lâ) (espèce de piége) : tous les élèves répètent successivement *lâ*; le moniteur montre et prononce *vingt* (vin) : tous les élèves répètent successivement *vin*; et on continuera ainsi de suite, en ayant soin de séparer les syllabes des mots qui en ont plusieurs.

Deuxième procédé. Le moniteur montre *lacs* : l'élève désigné prononce *lâ*; le moniteur montre *vingt* : l'élève désigné prononce *vin*; on continue ainsi en parcourant d'abord les lignes verticales de haut en bas, puis les lignes horizontales de gauche à droite, en séparant les syllabes des mots qui en ont plusieurs.

Troisième procédé. Le moniteur montre un mot pris au hasard : l'élève désigné le prononce, sans faire entendre les deux articulations finales; le moniteur parcourt ainsi le tableau dans tous les sens en ayant soin de faire lire couramment les mots de plusieurs syllabes.

Imprimerie de GUSTAVE GRATIOT, rue de la Monnaie, 11.

LIBRAIRIE DE L. HACHETTE ET Cie, RUE PIERRE-SARRAZIN, N° 14, A PARIS.

SIXIÈME CLASSE, N° 11. (N° 22.)

MÉTHODE DE LECTURE AVEC OU SANS ÉPELLATION,

Par MM. LAMOTTE, PERRIER, MEISSAS et MICHELOT.

OUVRAGE AUTORISÉ PAR L'UNIVERSITÉ. — QUATRIÈME ÉDITION.

ARTICULATIONS TRIPLES.

spl	str	scl	scr
scru-té	scro-fu-leux	dé-sa-stre	o-stra-ci-sme
le stras	stra-té-gi-e	pi-a-stre	pro-stra-ti-on
stri-bord	a-strin-dre	pi-la-stre	ad-mi-ni-stré
stri-é	a-strein-gent	ba-lu-stre	en-re-gi-stré
stro-phe	in-stru-ment	ob-stru-é	ab-strac-ti-on
a-stre	scru-ta-teur	scro-fu-les	pro-scrip-ti-on
a-stral	in-scri-re	sou-scrip-teur	splen-di-de-ment
mon-stre	mi-ni-stre	tran-splan-té	stran-gu-la-ti-on
scru-tin	lu-stra-le	sou-scrip-ti-on	mon-stru-o-si-té
splen-deur	stru-ctu-re	a-stro-lo-gi-e	ca-stra-mé-ta-ti-on
ab-strait	splen-di-de	a-stro-lo-gue	ad-mi-ni-stra-teur
in-scrit	scru-pu-le	in-struc-ti-on	en-re-gi-stre-ment
stri-cte	stric-te-ment	con-scrip-ti-on	ad-mi-ni-stra-ti-on
scri-be	stra-pon-tin	a-stro-no-me	tran-splan-ta-ti-on
ru-stre	ga-stri-te	stra-ta-gè-me	stra-ti-fi-ca-ti-on
lu-stre	sou-strai-re	sclé-ro-ti-que	con-struc-ti-on
bi-stre	mon-stru-eux	in-scrip-ti-on	ob-struc-ti-on
mu-scle	re-gi-stre	sou-strac-ti-on	ga-stro-no-me
pro-scrit	si-ni-stre	a-stra-ga-le	a-stro-no-mi-e
ro-stral	ca-da-stre	a-stro-la-be	su-scrip-ti-on

INSTRUCTION SUR L'EMPLOI DU TABLEAU.

Premier procédé. Le moniteur montre et prononce *scru-té*, d'abord couramment, puis en séparant les syllabes : tous les élèves répètent successivement *scru-té*, en séparant les syllabes ; le moniteur montre et prononce de la même manière *le stras* (strasse), que tous les élèves répètent successivement ; et ainsi de suite, en parcourant les lignes verticales de haut en bas.

Deuxième procédé. Le moniteur montre *scru-té* : l'élève désigné prononce *scru-té*, en séparant les syllabes ; le moniteur montre *le stras* : l'élève suivant dit *le stras*, etc., en parcourant d'abord les lignes verticales de haut en bas, et ensuite les lignes horizontales.

Troisième procédé. Le moniteur montre un mot pris au hasard : l'élève désigné prononce ce mot couramment ; le moniteur montre un autre mot : l'élève suivant le prononce couramment, etc.

Remarque. Dans ce tableau, *ti-on* à la fin des mots se prononce *si-on*, en faisant entendre *si* très faiblement.

Imprimerie de GUSTAVE GRATIOT, rue de la Monnaie, 11.

LIBRAIRIE DE L. HACHETTE ET Cie, RUE PIERRE-SARRAZIN, N° 14, A PARIS.

SIXIÈME CLASSE, N° III. (N° 23.)

MÉTHODE DE LECTURE AVEC OU SANS ÉPELLATION,

Par MM. Lamotte, Perrier, Meissas et Michelot.

OUVRAGE AUTORISÉ PAR L'UNIVERSITÉ. — QUATRIÈME ÉDITION.

EXERCICES SUR L'*H* MUETTE.

l'her-be	**l'her-ba-ge**	**l'ha-bi-le-té**	**l'hé-si-ta-ti-on**
l'hô-te	**l'ha-lei-ne**	**l'ha-bi-tu-de**	**l'hé-li-o-tro-pe**
l'ho-mme	**l'her-mi-ne**	**l'hé-mi-sphè-re**	**l'hi-sto-ri-et-te**
l'hô-tel	**l'ha-bi-tant**	**l'hé-ri-ta-ge**	**l'ho-ri-zon-ta-le**
l'ha-bit	**l'ha-me-çon**	**l'hu-ma-ni-té**	**l'hé-li-o-sco-pe**
l'hé-breu	**l'hec-ta-re**	**l'hec-to-li-tre**	**l'hô-tel-le-ri-e**
l'hi-ver	**l'hi-stoi-re**	**l'her-bo-ri-ste**	**l'hé-mo-rrha-gi-e**
l'ho-nneur	**l'hi-stri-on**	**l'hé-ro-ï-ne**	**l'ho-spi-ta-li-té**
l'hu-meur	**l'ho-mma-ge**	**heu-reu-se-ment**	**l'hy-po-cri-si-e**
l'hy-mne	**l'hor-lo-ge**	**l'hi-ron-del-le**	**l'hy-po-té-nu-se**

EXERCICES SUR L'*H* ASPIRÉE.

la hai-ne	**le ha-la-ge**	**le har-na-cheur**	**la ha-lle-bar-de**
le ha-mac	**le ha-ri-cot**	**le har-po-nneur**	**la har-di-es-se**
la hou-sse	**la hou-let-te**	**le her-sa-ge**	**la Hen-ri-a-de**
la hâ-te	**la ha-chu-re**	**la ha-chet-te**	**la ha-que-né-e**
le hé-ros	**le ha-nne-ton**	**le ho-che-ment**	**la ha-ren-gè-re**
le ha-reng	**le hé-ri-sson**	**le hour-da-ge**	**hi-é-rar-chi-e**
le hi-bou	**la hou-ssi-ne**	**tout ha-le-tant**	**met-tre le har-nais**
la ha-lle	**le hur-le-ment**	**hâ-ti-ve-ment**	**pren-dre la har-pe**
la hon-te	**la ha-ran-gue**	**ha-ï-ssa-ble**	**lan-cer le har-pon**
la hu-re	**hon-teu-se-ment**	**hi-deu-se-ment**	**poi-re hâ-ti-ve**

INSTRUCTION SUR L'EMPLOI DU TABLEAU.

Première remarque. Le moniteur montre et prononce *l'her-be* (ler–be) d'abord couramment, puis en séparant les syllabes : tous les élèves répètent successivement *ler-be*, en séparant les syllabes ; le moniteur montre et prononce de la même manière *l'hô-te* (lô–te) : tous les élèves répètent successivement *lô-te*. Le moniteur parcourt ainsi la première ligne verticale *des exercices sur l'*h *muette*. Arrivé à la première colonne *des exercices sur l'*h *aspirée*, il montre et prononce *la-haine*, en aspirant fortement la syllabes *hai*, tous les élèves répètent successivement *la hai-ne*, en séparant les syllabes, etc. Quand cette colonne est terminée, on lit la deuxième colonne de haut en bas, de la même manière que la première; et ainsi de suite.

Deuxième remarque. Le moniteur montre *l'her-be* : l'élève désigné prononce *ler-be*, en séparant les syllabes; le moniteur montre *l'hô-te :* l'élève suivant prononce *lô-te*, etc. On parcourt successivement chaque colonne de haut en bas ; s'il reste du temps, on recommence le tableau, en parcourant les lignes horizontales de gauche à droite.

Troisième procédé. Le moniteur montre un mot pris au hasard : l'élève désigné prononce ce mot couramment; le moniteur montre un autre mot : l'élève suivant le lit couramment, etc.

Remarque. Le moniteur et les élèves doivent lire les mots comme si l'*h* n'existait pas, et sans dire le nom de cette lettre.

Imprimerie de Gustave GRATIOT, rue de la Monnaie, 11.

LIBRAIRIE DE L. HACHETTE ET Cie, RUE PIERRE-SARRAZIN, N° 14, A PARIS.

SIXIÈME CLASSE, N° IV. (N° 24.)

MÉTHODE DE LECTURE AVEC OU SANS ÉPELLATION,

Par MM. LAMOTTE, PERRIER, MEISSAS et MICHELOT.

OUVRAGE AUTORISÉ PAR L'UNIVERSITÉ. — QUATRIÈME ÉDITION.

1° EXEMPLES DE MOTS OÙ *ILL* A LE SON MOUILLÉ.

paill-e	**ba-taill-e**	**a-beill-e**	**a-ccueill-i**
taill-eur	**é-caill-e**	**cor-beill-e**	**dé-pouill-é**
feuill-e	**fu-taill-e**	**o-reill-e**	**ci-trouill-e**
brouill-e	**mu-raill-e**	**vi-eill-e**	**gre-nouill-e**
bouill-i	**se-maill-e**	**gro-seill-e**	**pa-trouill-e**
veill-e	**te-naill-e**	**bou-teill-e**	**que-nouill-e**
mouill-é	**vo-laill-e**	**ré-veill-é**	**dé-bar-bouill-é**

2° EXEMPLES DE MOTS OÙ LES DEUX *LL* ONT LE SON MOUILLÉ.

fi-lle	**co-qui-lle**	**bé-qui-lle**	**che-ni-lle**
che-vi-lle	**fa-mi-lle**	**len-ti-lle**	**pa-co-ti-lle**

3° EXEMPLES DE MOTS OÙ LES DEUX *LL* SE PRONONCENT COMME *L*.

vi-lle	**mi-lli-on**	**di-sti-lle**	**tran-qui-lli-té**

4° EXEMPLES DE MOTS OÙ LES DEUX *LL* SE SÉPARENT ET SE PRONONCENT.

il-lus-tre	**va-cil-lant**	**il-li-si-ble**	**il-lu-mi-na-ti-on**

5° EXEMPLES DE MOTS OÙ *IL* A LE SON MOUILLÉ.

bail	**fe-nouil**	**con-seil**	**fau-teuil**
deuil	**tra-vail**	**so-leil**	**cer-feuil**

6° EXEMPLES DE MOTS OÙ *L* A LE SON MOUILLÉ.

pé-ril	**a-vril**	**ba-bil**	**gré-sil**

7° EXEMPLES DE MOTS OÙ *IL* SE PRONONCE COMME *I*.

fu-sil	**gen-til**	**ou-til**	**sour-cil**

8° EXEMPLES DE MOTS OÙ *L* FINALE, PRÉCÉDÉE D'UN *I*, SE PRONONCE.

fil	**cil**	**ci-vil**	**pu-é-ril**

INSTRUCTION SUR L'EMPLOI DU TABLEAU.

Premier procédé. Le moniteur montre *paill-e* et prononce *pa-ie*, d'abord couramment, puis en séparant les syllabes : tous les élèves répètent successivement *pa-ie*, en séparant les syllabes; le moniteur montre *taill-eur* et prononce *ta-ieur* : tous les élèves répètent successivement *ta-ieur*. On continue de même, en ne parcourant d'abord que les quatre colonnes verticales du premier paragraphe. On fait ensuite l'exercice analogue sur chacun des autres paragraphes.

Deuxième procédé. Le moniteur montre *paill-e* : l'élève désigné prononce *pa-ie*, en séparant les syllabes; le moniteur montre *taill-eur* : l'élève suivant dit *ta-ieur*; et de même jusqu'à la fin des quatre colonnes du premier paragraphe. On fait ensuite l'exercice analogue sur chacun des autres paragraphes.

Troisième procédé. Le moniteur mòntre un mot pris au hasard dans le premier paragraphe : l'élève désigné le prononce couramment; le moniteur montre un mot du deuxième paragraphe : l'élève suivant le prononce couramment; le moniteur fait de même pour chaque paragraphe; ensuite il promène sa baguette au hasard sur tous les mots du tableau.

Imprimerie de GUSTAVE GRATIOT, rue de la Monnaie, 11.

LIBRAIRIE DE L. HACHETTE ET Cie, RUE PIERRE-SARRAZIN, N° 14, A PARIS.

SIXIÈME CLASSE, N° V. (N° 25.)

MÉTHODE DE LECTURE AVEC OU SANS ÉPELLATION,

Par MM. Lamotte, Perrier, Meissas et Michelot.

OUVRAGE AUTORISÉ PAR L'UNIVERSITÉ. — QUATRIÈME ÉDITION.

EXCEPTIONS ET DIFFICULTÉS.

fem-me	**et**	**per-ro-quet**	**hi-ver**
fa-me	é	pè-ro-kè	i-vè-re
fem-me-let-te	**nez**	**bref**	**é-ther**
fa-me-lè-te	né	brè-fe	é-tè-re
pru-dem-ment	**a-ssez**	**chef**	**fi-er**
pru-da-man	a-ssé	chè-fe	fi-è-re
in-so-lem-ment	**so-nnez**	**gri-ef**	**cher**
in-so-la-man	so-né	gri-è-fe	chè-re
in-dem-ni-té	**bu-vez**	**re-li-ef**	**en-fer**
in-da-m-ni-té	bu-vé	re-li-è-fe	an-fè-re
so-len-nel	**ai-mez**	**a-ppel**	**hi-er**
so-la-nè-le	ai-mé	a-pè-le	hi-è-re
so-len-ni-té	**dé-jeu-ner**	**au-tel**	**bec**
so-la-ni-té	dé-jeu-né	o-tè-le	bè-ke
hen-nir	**ber-ger**	**ci-el**	**Grec**
ha-nir	ber-gé	ci-è-le	Grè-ke
hen-ni-sse-ment	**bou-cher**	**dé-gel**	**sec**
ha-ni-sse-man	bou-ché	dé-gè-le	sè-ke
cou-en-ne	**en-cri-er**	**ma-nu-el**	**va-rech**
cou-a-ne	en-cri-é	ma-nu-è-le	va-rè-ke
rou-en-ne-rie	**pa-pi-er**	**mor-tel**	**in-dex**
rou-a-ne-rie	pa-pi-é	mor-tè-le	in-dè-xe
œuf	**é-co-li-er**	**i-dem**	**si-lex**
e-fe	é-co-li-é	i-dè-me	si-lè-xe
bœuf	**lé-ger**	**i-tem**	**ver-tex**
be-fe	lé-gé	i-tè-me	ver-tè-xe
œil	**tra-vaill-er**	**re-qui-em**	**ao-ris-te**
e-ie	tra-va-ié	ré-qui-è-me	o-ris-te
œill-è-re	**po-mmi-er**	**ad rem**	**rum *ou* rhum**
e-iè-re	po-mi-é	a-de rè-me	ro-me
œill-a-de	**o-reill-er**	**glu-ten**	**mi-ni-mum**
e-ia-de	o-rè-ié	glu-tè-ne	mi-ni-mo-me
œill-et	**cal-cu-ler**	**ab-do-men**	**ma-xi-mum**
e-iè	cal-cu-lé	ab-do-mè-ne	ma-xi-mo-me
sœur	**ob-jet**	**hy-men**	**mu-sé-um**
se-re	ob-jè	hi-mè-ne	mu-sé-o-me
cœur	**pou-let**	**les des**	**dé-co-rum**
ke-re	pou-lè	lè dè	dé-co-ro-me
chœur	**sou-fflet**	**ces mes**	**te de-um**
ke-re	sou-flè	cè mè	té-dé-o-me
pi-ed	**plu-met**	**tes ses**	**ga-geu-re**
pi-é	plu-mè	tè sè	ga-ju-re
tré-pi-ed	**pa-quet**	**a-mer**	**vœu**
tré-pi-é	pa-kè	a-mè-re	veu

INSTRUCTION SUR L'EMPLOI DU TABLEAU.

Premier procédé. Le moniteur montre *fem-me* et prononce *fa-me*, d'abord couramment, puis en séparant les syllabes (au-dessous de chaque mot, on a indiqué sa prononciation en petits caractères) : tous les élèves répètent successivement *fa-me*, en séparant les syllabes; le moniteur montre *fem-me-let-te*, et prononce *fa-me-lè-te* : tous les élèves répètent successivement *fa-me-lè-te*; et ainsi de suite, pour chaque colonne verticale.

Deuxième procédé. Le moniteur montre *fem-me* : l'élève désigné prononce *fa-me*, en séparant les syllabes; le moniteur montre *fem-me-let-te* : l'élève suivant prononce *fa-me-lè-te*. On continue de même en parcourant d'abord les colonnes verticales de haut en bas, et ensuite les lignes horizontales de gauche à droite.

Troisième procédé. Le moniteur montre un mot pris au hasard : l'élève désigné le prononce couramment; le moniteur montre un autre mot pris au hasard : l'élève suivant le prononce couramment, etc.

Remarque. Les mots en petits caractères sont destinés uniquement à indiquer la prononciation aux moniteurs et aux maîtres; on ne doit jamais les faire lire ni les laisser lire par les élèves. On peut les cacher avec le bout de la baguette.

Imprimerie de Gustave Gratiot, rue de la Monnaie, 11.

LIBRAIRIE DE L. HACHETTE ET Cie, RUE PIERRE-SARRAZIN, N° 14, A PARIS.

SIXIÈME CLASSE, N° VI. (N° 26.)

MÉTHODE DE LECTURE AVEC OU SANS ÉPELLATION,

Par MM. LAMOTTE, PERRIER, MEISSAS et MICHELOT.

OUVRAGE AUTORISÉ PAR L'UNIVERSITÉ. — QUATRIÈME ÉDITION.

SUITE DES EXCEPTIONS ET DIFFICULTÉS.

août ou	**cray-on** crè-ion	**a-qua-ti-que** a-kou-a-ti-que	**asth-ma-ti-que** a-s-ma-ti-que
ma-me-luk ma-me-lou-ke	**fray-eur** frè-ieur	**é-qua-teur** é-koua-teur	**isth-me** i-s-me
sang-sue san-sue	**tuy-au** tui-io	**qua-dru-pè-de** koua-dru-pè-de	**ba-sti-on** ba-stion
paon pan	**pay-san** pè-i-zan	**qua-ter-nai-re** kou-a-ter-nè-re	**bes-ti-aux** bè-stio
faon fan	**ba-yo-nnet-te** ba-io-nè-te	**qua-tu-or** koua-tuor	**ges-ti-on** gè-stion
pao-nne pa-ne	**ci-toy-en** ci-toi-ien	**chep-tel** che-tè-le	**di-ges-ti-on** di-gè-stion
pao-nneau pa-neau	**noy-au** noi-iau	**domp-ter** don-té	**mo-des-tie** mo-dè-stie
taon ton	**ba-lay-er** ba-lè-ié	**in-domp-ta-ble** in-don-ta-ble	**sep-ti-è-me** sè-tiè-me
punch pon-che	**roy-au-me** roi-iô-me	**promp-ti-tu-de** pron-ti-tu-de	**cen-ti-è-me** san-tiè-me
rumb rom-be	**gru-yè-re** grui-è-re	**bap-tê-me** ba-tê-me	**sou-ti-en** sou-ti-in
à jeun à jun	**fuy-ard** fui-iar	**bap-ti-ser** ba-ti-zé	**por-ti-er** por-tié
in-té-rim in-té-ri-me	**ai-guill-e** è-gui-ie	**bap-ti-stai-re** ba-ti-stè-re	**nous chan-ti-ons** nou-chan-tion
im-mor-tel i-m-mor-tè-le	**con-ti-gu-ï-té** con-ti-gui-té	**comp-te** con-te	**vous com-ba-tti-ez** vou-com-ba-tié
im-mu-a-ble i-m-mua-ble	**i-nex-tin-gu-i-ble** i-nex-tin-gui-ble	**comp-ta-bi-li-té** con-ta-bi-li-té	**a-gnus** a-gue-nu-ce
in-no-va-ti-on i-n-no-va-cion	**al-gua-zil** al-gou-a-zi-le	**comp-tant** con-tan	**i-gni-co-le** i-gue-ni-co-le
a-ï-eul a-ie-le	**qu-es-teur** ku-ès-teur	**sculp-teur** scul-teur	**i-gni-ti-on** i-gue-ni-cion
fa-ï-en-ce fa-ian-ce	**é-qu-i-la-té-ral** é-cui-la-té-ral	**sculp-tu-re** scul-tu-re	**sta-gna-ti-on** sta-gue-na-cion
ha-ïr a-ir	**é-qu-i-an-gle** é-cui-an-gle	**sept** sè-te	**i-nex-pu-gna-ble** i-nex-pu-gue-na-ble
na-ïf na-i-fe	**é-qu-es-tre** é-cuè-stre	**dam-né** dâ-né	**reg-ni-co-le** rè-gne-ni-co-le
na-ï-ve-té na-i-ve-té	**é-qu-i-ta-ti-on** é-cui-ta-cion	**con-dam-na-ti-on** con-da-na-cion	**gno-mo-ni-que** gue-no-mo-ni-que
hé-ro-ï-que é-ro-i-ke	**qu-in-tu-ple** cuin-tu-ple	**au-tom-ne** au-to-ne	**gé-o-gno-si-e** gé-o-gue-no-sie
No-ël no-è-le	**a-qua-rel-le** a-coua-rè-le	**asth-me** a-s-me	**di-a-gno-sti-que** di-a-gue-no-sti-ke

INSTRUCTION SUR L'EMPLOI DU TABLEAU.

Premier procédé. Le moniteur montre *août* et prononce *ou* (comme il est indiqué au-dessous) : tous les élèves répètent successivement *ou*; le moniteur montre *ma-me-luk* et prononce *ma-me-lou-ke*, d'abord couramment, puis en séparant les syllabes : tous les élèves répètent successivement *ma-me-lou-ke*, en séparant les syllabes; et ainsi de suite par chaque colonne verticale.

Deuxième procédé. Le moniteur montre *août* : l'élève désigné prononce *ou*; le moniteur montre *ma-me-luk* : l'élève suivant prononce *ma-me-lou-ke*, en séparant les syllabes. On continue de même en parcourant d'abord les colonnes verticales de haut en bas, et ensuite les lignes horizontales de gauche à droite.

Troisième procédé. Le moniteur montre un mot pris au hasard : l'élève désigné le prononce couramment; le moniteur montre un autre mot pris au hasard : l'élève suivant le prononce couramment, etc.

Première remarque. Les mots en petits caractères sont destinés uniquement à indiquer la prononciation aux moniteurs et aux maîtres; on ne doit jamais les faire lire ni les laisser lire par les élèves. On peut les cacher avec le bout de la baguette.

Deuxième remarque. Les articulations placées entre deux tirets se prononcent comme si elles étaient suivies d'un *e*, sur lequel on passerait très légèrement, comme dans *a-s-me* (a-se-me), qui est la prononciation de *asth-me*.

Imprimerie de GUSTAVE GRATIOT, rue de la Monnaie, 11.

LIBRAIRIE DE L. HACHETTE ET Cie, RUE PIERRE-SARRAZIN, N° 14, A PARIS.

SEPTIÈME CLASSE, N° I. (N° 27.)

MÉTHODE DE LECTURE AVEC OU SANS ÉPELLATION,

Par MM. LAMOTTE, PERRIER, MEISSAS et MICHELOT.

OUVRAGE AUTORISÉ PAR L'UNIVERSITÉ. — QUATRIÈME ÉDITION.

ALPHABET USUEL DANS L'ORDRE DES DICTIONNAIRES.

A B C D E F G H I

J K L M N O P Q R

S T U V W X Y Z

a b c d e f g h i j k l m

n o p q r s t u v w x y z

A B C D E F G H I J K L M

N O P Q R S T U V W X Y Z

a b c d e f g h i j k l m

n o p q r s t u v w x y z

INSTRUCTION SUR L'EMPLOI DU TABLEAU.

NOMS USUELS DES LETTRES.

A	B	C	D	E	F	G	H	I	J	K	L	M	N	O	P	Q	R	S	T	U	V	W	X	Y	Z
a	bé	cé	dé	e	effe	gé	ache	i	ji	ka	elle	ème	ène	o	pé	qu	erre	esse	té	u	vé	double vé	ics	i grec	zède.

Premier procédé. Le moniteur montre A et prononce *a* : l'élève désigné prononce *a*; le moniteur montre B et prononce *bé* : l'élève suivant dit *bé*, etc., jusqu'à la fin du premier alphabet, en donnant aux lettres leurs noms usuels.

Deuxième procédé. Le moniteur montre et prononce de suite toutes les lettres du premier alphabet dans l'ordre habituel; il montre successivement et fait répéter par chaque élève toutes les lettres de cet alphabet; toujours avec les noms usuels.

Troisième procédé. Le moniteur retourne le tableau, et fait répéter de mémoire à chaque élève l'alphabet tout entier, également avec les noms usuels.

Remarque. On répètera les mêmes exercices sur chaque alphabet.

Imprimerie de GUSTAVE GRATIOT, rue de la Monnaie, 11.

LIBRAIRIE DE L. HACHETTE ET Cie, RUE PIERRE-SARRAZIN, N° 14, A PARIS.

SEPTIÈME CLASSE, N° II. (N° 28.)

MÉTHODE DE LECTURE AVEC OU SANS ÉPELLATION,

Par MM. LAMOTTE, PERRIER, MEISSAS et MICHELOT.

OUVRAGE AUTORISÉ PAR L'UNIVERSITÉ. — QUATRIÈME ÉDITION.

MAXIMES.

1. On est a-ssez ri-che, quand on ne doit ri-en.

2. Ai-de-toi, le ci-el t'ai-de-ra.

3. La-bou-rez pen-dant que le pa-res-seux dort, vous au-rez du blé à ven-dre et à gar-der.

4. A-do-re Di-eu, ho-no-re tes pa-rents, ché-ris tes a-mis, o-bé-is aux lois.

5. Un bi-en-fait re-pro-ché perd tout son mé-ri-te.

6. Ne re-mets pas à de-main le bi-en que tu peux fai-re au-jour-d'hu-i.

7. Le temps per-du ne se re-trou-ve ja-mais.

8. L'eau qui tom-be gou-tte à gou-tte fi-nit par ron-ger la pi-er-re la plus du-re.

9. Sois in-dul-gent pour ton a-mi, il le se-ra pour toi.

10. Un mau-vais a-cco-mmo-de-ment vaut mi-eux qu'un bon pro-cès.

11. Sois bon, et a-lors ne fais au-cun cas du mal qu'on dit de toi.

12. Il faut sa-voir se te-nir où l'on est bi-en.

13. Qui do-nne vi-te, do-nne deux fois.

14. Ne fais pas à un au-tre ce que tu ne veux pas qu'on te fa-sse.

15. Qui ne se la-sse ja-mais, vi-ent à bout de tout.

16. Ne dis ri-en d'un au-tre, en son ab-sen-ce, que tu ne sois prêt à lui di-re en fa-ce.

17. Qui veut qu'on par-le bi-en de lui, ne doit pas mal par-ler des au-tres.

18. On voit u-ne paill-e dans l'œil de son voi-sin, et l'on ne voit pas u-ne pou-tre dans le si-en.

19. Pro-mets peu, mais ti-ens tes pro-mes-ses.

20. Par-ler beau-coup n'est pas u-ne preu-ve de rai-son.

21. Dis-moi qui tu han-tes, et je te di-rai qui tu es.

22. Il vaut mi-eux se tai-re que de mal par-ler.

INSTRUCTION SUR L'EMPLOI DU TABLEAU.

Premier procédé. Le moniteur montre et lit *la première maxime* couramment et sans énoncer les signes de ponctuation; puis il la relit en séparant les syllabes. Ensuite il montre le premier mot *on* : l'élève désigné dit *on*; le moniteur montre le deuxième mot *est* : l'élève suivant dit *est*; le moniteur montre le troisième mot *a-ssez* : l'élève suivant dit *a-ssez* ; et de même jusqu'à la fin de la première maxime, en séparant toujours les syllabes des mots qui en ont plusieurs. Le moniteur lit et fait lire ainsi chaque maxime dans l'ordre des numéros.

Deuxième procédé. Le moniteur montre *la première maxime* : l'élève désigné la dit, d'abord en séparant les syllabes, ensuite couramment. Le moniteur montre *la deuxième maxime* : l'élève suivant la lit, d'abord en séparant les syllabes, puis couramment; et ainsi de suite pour chaque maxime.

Troisième procédé. Le moniteur montre une maxime prise au hasard, l'élève désigné la lit couramment; le moniteur montre une autre maxime, l'élève suivant la lit couramment. On continue de même jusqu'à la fin de la leçon.

Imprimerie de GUSTAVE GRATIOT, rue de la Monnaie, 11.

LIBRAIRIE DE L. HACHETTE ET Cie, RUE PIERRE-SARRAZIN, N° 14, A PARIS.

SEPTIÈME CLASSE, N° III. (N° 29.)

MÉTHODE DE LECTURE AVEC OU SANS ÉPELLATION,

Par MM. Lamotte, Perrier, Meissas et Michelot.

OUVRAGE AUTORISÉ PAR L'UNIVERSITÉ. — QUATRIÈME ÉDITION.

RÈGLES DE CONDUITE.

Fai-re mal ce que l'on fait, en-nuie et dé-goû-te; fai-re bien, a-mu-se et in-té-res-se. Voi-là pour-quoi un bon maî-tre en-ga-ge sans ces-se ses é-lè-ves à bien s'a-ppli-quer; car a-lors seu-le-ment le tra-vail les a-mu-se-ra, et les a-mu-se-ra mê-me plus que le jeu.

Il n'y a point d'art, point de mé-tier où l'on ne pui-sse a-ppren-dre cha-que jour quel-que cho-se. L'i-gno-rant et le pa-res-seux sont les seuls qui croient tout sa-voir.

Si vous vou-lez ê-tre ri-che, n'a-ppre-nez pas seu-le-ment co-mment on ga-gne; sa-chez au-ssi co-mment on mé-na-ge.

Il est plus di-ffi-ci-le de con-ser-ver sa for-tu-ne que de la fai-re. So-yez en gar-de con-tre les pe-ti-tes dé-pen-ses, ce sont el-les qui fi-ni-ssent par rui-ner.

U-ne des plus bel-les qua-li-tés d'un jeu-ne ho-mme, c'est l'or-dre. A-voir de l'or-dre, c'est ne pas per-dre un mo-ment, moy-en a-ssu-ré pour fai-re beau-coup de cho-ses dans le moins de temps po-ssi-ble; c'est ran-ger cha-que cho-se de ma-niè-re que rien ne s'é-ga-re, que rien ne se per-de, et qu'on pui-sse tout re-trou-ver à l'in-stant mê-me; c'est cal-cu-ler ce que l'on re-çoit, et ce que l'on dé-pen-se, de ma-niè-re à n'être ja-mais em-ba-rra-ssé, et à se fai-re u-ne ré-ser-ve pour les ma-lheurs im-pré-vus et pour les ma-la-dies.

INSTRUCTION SUR L'EMPLOI DES TABLEAUX N°s 29, 30, 31, 32.

Troisième procédé. Le moniteur montre et lit la première phrase, jusqu'à ce qu'il trouve un point, d'abord couramment, puis en séparant les syllabes, mais sans énoncer les signes de ponctuation; ensuite il montre le premier mot de cette phrase : l'élève désigné lit et dit ce mot, d'abord en séparant les syllabes, ensuite couramment. Le moniteur montre le deuxième mot : l'élève suivant le prononce. On continue le même exercice jusqu'au premier point. Le moniteur montre et lit successivement les phrases suivantes, et fait lire les mots aux élèves, comme il vient d'être dit pour la première phrase.

Deuxième procédé. Le moniteur montre et lit couramment le premier paragraphe en entier, sans énoncer les signes de ponctuation, mais en marquant les repos et en faisant les liaisons d'usage; puis il montre la première phrase : l'élève désigné la lit, d'abord en séparant les syllabes, ensuite couramment. Le moniteur montre successivement chaque phrase et la fait lire comme la première, en désignant chaque élève à son tour.

Troisième procédé. Le moniteur lit couramment le tableau tout entier, sans énoncer les signes de ponctuation, mais en marquant les repos avec le plus grand soin, et en faisant les liaisons consacrées par l'usage; puis il montre le premier paragraphe et le fait lire couramment par l'élève qu'il désigne, de la même manière qu'il l'a lu lui-même. Il montre ensuite le deuxième paragraphe et le fait lire par l'élève suivant; il continue ainsi à faire lire un paragraphe à chaque élève.

Nota. Dans ces quatre tableaux, les syllabes sont encore séparées; mais les diphthongues ne sont plus divisées.

Imprimerie de Gustave GRATIOT, rue de la Monnaie, 11.

LIBRAIRIE DE L. HACHETTE ET Cie, RUE PIERRE-SARRAZIN, N° 14, A PARIS.

SEPTIÈME CLASSE, N° IV. (N° 30.)

MÉTHODE DE LECTURE AVEC OU SANS ÉPELLATION,

Par MM. LAMOTTE, PERRIER, MEISSAS et MICHELOT.

OUVRAGE AUTORISÉ PAR L'UNIVERSITÉ. — QUATRIÈME ÉDITION.

SUITE DES RÈGLES DE CONDUITE.

Dans tou-tes les o-cca-sions qui se pré-sen-tent de par-ler ou d'a-gir, fai-tes-le dou-ce-ment, po-sé-ment; l'é-tour-de-rie et l'ir-ré-flex-ion sont le prin-ci-pe de la plu-part de nos fau-tes. Vo-tre con-te-nan-ce doit ê-tre dé-cen-te et vos pa-ro-les doi-vent ê-tre me-su-rées. Un ex-té-rieur lé-ger n'a-tti-re que du mé-pris.

Si vous ê-tes o-bli-gé de do-nner un a-vis, ou de fai-re u-ne ré-pri-man-de, ne di-tes ja-mais des pa-ro-les du-res et pi-quan-tes : le fruit de vo-tre ri-di-cu-le co-lè-re se-rait d'ai-grir les es-prits et non de les co-rri-ger.

Vou-lez-vous ê-tre un ho-mme de bien? cher-chez un a-mi vé-ri-ta-ble; re-co-nnai-ssez de bo-nne foi vos fau-tes et n'ay-ez ja-mais re-cours au men-son-ge pour les dé-gui-ser : u-ne fau-te a-vouée est à de-mi ré-pa-rée. Pour peu que vo-tre sin-cé-ri-té de-vien-ne su-spec-te, quel cas fe-ra-t-on de vous? Le men-son-ge est le vi-ce des â-mes ba-sses.

Si vous vous ré-pan-dez en in-ju-res con-tre quel-qu'un qui vous dé-plaît, si vous en ve-nez jus-qu'à le fra-pper, il u-se-ra de re-pré-saill-es, et vous ren-dra coups pour coups, in-ju-res pour in-ju-res. Si vous ê-tes que-rel-leur, si vous vous li-vrez à l'in-tem-pé-ran-ce de vo-tre lan-gue et que vous vous fa-ssiez un jeu de mé-di-re ou de ca-lom-nier, vous vous ren-dez re-dou-ta-ble; mais, ne vous y trom-pez pas, vous se-rez dé-tes-té de tout le mon-de. La dou-ceur, au con-trai-re, nous fait des a-mis; la jus-ti-ce nous les con-ser-ve.

Imprimerie de GUSTAVE GRATIOT, rue de la Monnaie, 11.

LIBRAIRIE DE L. HACHETTE ET Cie, RUE PIERRE-SARRAZIN, N° 14, A PARIS.

MÉTHODE DE LECTURE AVEC OU SANS ÉPELLATION,

Par MM. Lamotte, Perrier, Meissas et Michelot.

OUVRAGE AUTORISÉ PAR L'UNIVERSITÉ. — QUATRIÈME ÉDITION.

PREMIÈRES CONNAISSANCES.

No-tre a-nnée se com-po-se de dou-ze mois, qui sont : jan-vier, fé-vrier, mars, a-vril, mai, juin, juill-et, août, sep-tem-bre, oc-to-bre, no-vem-bre et dé-cem-bre.

La se-mai-ne est de sept jours, qui sont : di-man-che, lun-di, mar-di, mer-cre-di, jeu-di, ven-dre-di, sa-me-di. Le di-man-che est le jour con-sa-cré au re-pos.

Dans u-ne a-nnée, il y a cin-quan-te-deux se-mai-nes. Les mois ont tren-te ou tren-te et un jours. Les sept mois de tren-te et un jours sont : jan-vier, mars, mai, juill-et, août, oc-to-bre et dé-cem-bre. Les au-tres mois ont tren-te jours, à l'ex-cep-tion de fé-vrier, qui a or-di-nai-re-ment vingt-huit jours, et vingt-neuf jours tous les qua-tre ans.

U-ne a-nnée est or-di-nai-re-ment com-po-sé-e de trois cent soi-xan-te-cinq jours, et de trois cent soi-xan-te-six, quand le mois de fé-vrier a vingt-neuf jours. Lors-que l'a-nnée a trois cent soi-xante-six jours, on l'a-ppel-le bi-ssex-ti-le. Cent a-nnées for-ment un siè-cle.

Il y a dans cha-que a-nnée qua-tre sai-sons : le prin-temps, qui co-mmen-ce en mars, l'au-to-mne en sep-tem-bre, l'é-té en juin, et l'hi-ver en dé-cem-bre. L'a-nnée co-mmen-ce le pre-mier jan-vier. Cha-que sai-son du-re trois mois; mais il y a quel-ques jours de plus dans le prin-temps et dans l'é-té que dans l'hi-ver et dans l'au-to-mne.

Imprimerie de Gustave Gratiot, rue de la Monnaie, 11.

LIBRAIRIE DE L. HACHETTE ET Cie, RUE PIERRE-SARRAZIN, N° 14, A PARIS.

MÉTHODE DE LECTURE AVEC OU SANS ÉPELLATION,

Par MM. Lamotte, Perrier, Meissas et Michelot.

OUVRAGE AUTORISÉ PAR L'UNIVERSITÉ. — QUATRIÈME ÉDITION.

SUITE DES PREMIÈRES CONNAISSANCES.

La ter-re que nous ha-bi-tons a la for-me d'u-ne bou-le. C'est le so-leil qui lui pro-cu-re la lu-miè-re et la cha-leur. Quand nous voy-ons le so-leil, nous di-sons qu'il fait jour; quand le so-leil é-clai-re la par-tie de la ter-re o-ppo-sée à cel-le que nous ha-bi-tons, nous ne le voy-ons plus: c'est a-lors le mo-ment de la nuit. Quel-que temps a-vant le le-ver du so-leil, il co-mmen-ce à fai-re jour: c'est l'au-ro-re. Quand le so-leil di-spa-raît le soir, il ne fait pas nuit i-mmé-dia-te-ment, sur-tout en é-té : c'est le cré-pu-scu-le.

Les jours les plus longs de l'a-nnée sont du quin-ze au vingt-huit juin : le so-leil ne se cou-che qu'à huit heu-res et quel-ques mi-nu-tes, et se lè-ve quel-ques mi-nu-tes a-vant qua-tre heu-res du ma-tin.

Les jours les plus courts sont du dix-huit au vingt-six dé-cem-bre. Le froid est sou-vent très ri-gou-reux à cet-te époque. C'est la sai-son des nei-ges et des gla-ces, co-mme le prin-temps est cel-le de la ver-du-re et des fleurs.

Dans la my-tho-lo-gie ou his-toi-re fa-bu-leu-se des di-vi-ni-tés pa-ïen-nes, le prin-temps est re-pré-sen-té sous la fi-gu-re d'un beau jeu-ne ho-mme, le front en-tou-ré de guir-lan-des de fleurs; l'é-té, sous la for-me d'u-ne bel-le fem-me, por-tant u-ne ger-be d'é-pis et te-nant une fau-cill-e à la main; l'au-to-mne est fi-gu-ré par un ho-mme d'un â-ge mûr, cou-ro-nné de pam-pre et de rai-sins; l'hi-ver est re-pré-sen-té sous la for-me d'un vieill-ard, trem-blant et ré-chau-ffant ses mains gla-cées.

Imprimerie de Gustave GRATIOT, rue de la Monnaie, 11.

LIBRAIRIE DE L. HACHETTE ET Cie, RUE PIERRE-SARRAZIN, N° 14, A PARIS.

HUITIÈME CLASSE, N° I. (N° 33.)

MÉTHODE DE LECTURE AVEC OU SANS ÉPELLATION,

Par MM. Lamotte, Perrier, Meissas et Michelot.

OUVRAGE AUTORISÉ PAR L'UNIVERSITÉ. — QUATRIÈME ÉDITION.

NOTIONS D'AGRICULTURE.

L'*agriculture* est l'art de cultiver la terre, c'est-à-dire, de lui faire produire le plus qu'il est possible, sans l'épuiser.

Les terres ne sont pas toutes susceptibles du même rapport : il y en a de fertiles, de médiocres et de mauvaises.

L'habileté du cultivateur consiste à bien connaître le terrain qui convient à chaque plante, à recueillir et à composer des engrais.

Une terre est fertile, si les parties qui la composent sont assez divisées pour donner passage à l'air, à l'eau et aux racines; si elle contient une certaine quantité de matières végétales ou animales; si elle peut s'échauffer facilement et retenir une quantité d'eau suffisante.

Parmi les différentes espèces de terre, on distingue :

***La terre franche,* dans laquelle la chaux, l'argile et le sable, qui sont les principes les plus ordinaires des terres, se trouvent mélangés dans de bonnes proportions.**

2° *La terre forte ou argileuse,* dans laquelle l'argile est très abondante : pendant les pluies, elle devient pâteuse et s'attache aux instruments de labourage; pendant les froids et les grandes chaleurs, elle se durcit ou se crevasse.

3° *La terre calcaire* contient une grande quantité de chaux réduite en poudre : elle est poreuse et ne retient pas l'eau; la vigne y vient bien.

4° *La terre sablonneuse,* dans laquelle le sable domine trop : ce genre de terre est peu fertile, surtout lorsque le sable y est en très grande quantité.

INSTRUCTION SUR L'EMPLOI DES TABLEAUX DE LA VIIe CLASSE.

Premier procédé. Le moniteur montre et lit le premier paragraphe couramment, c'est-à-dire, en faisant bien sentir les repos, mais sans séparer les syllabes et sans énoncer les signes de ponctuation : l'élève désigné lit couramment la première phrase, et ainsi de suite jusqu'à la fin du paragraphe, dont on recommence la lecture, jusqu'au signal du deuxième procédé.

Deuxième procédé. Le moniteur lit le tableau tout entier et couramment; ensuite il montre le premier paragraphe, et l'élève désigné le lit couramment; le moniteur montre le deuxième paragraphe : l'élève suivant le lit couramment; et ainsi de suite, jusqu'à ce que les élèves aient lu tous les paragraphes, une ou plusieurs fois, selon le temps consacré au deuxième procédé.

Troisième procédé. Chaque élève lit le tableau en entier, avec le plus grand soin, de la même manière que le moniteur l'a lu au commencement du deuxième procédé.

Remarque. Les instituteurs et les moniteurs doivent suivre ces exercices avec la plus grande attention, veiller scrupuleusement à ce que les élèves ne prennent que de bonnes habitudes pour la prononciation, pour les repos à observer et le ton à prendre dans la lecture courante. C'est par la manière dont lisent les élèves de la huitième classe qu'on juge de l'habileté de l'instituteur dans l'enseignement de la lecture.

Imprimerie de Gustave Gratiot, rue de la Monnaie, 11.

LIBRAIRIE DE L. HACHETTE ET Cie, RUE PIERRE-SARRAZIN, N° 14, A PARIS.

HUITIÈME CLASSE, N° II. (N° 34.)

MÉTHODE DE LECTURE AVEC OU SANS ÉPELLATION,

Par MM. LAMOTTE, PERRIER, MEISSAS et MICHELOT.

OUVRAGE AUTORISÉ PAR L'UNIVERSITÉ. — QUATRIÈME ÉDITION.

SUITE DES NOTIONS D'AGRICULTURE.

Sous la couche de terre labourable se trouvent des lits d'argile, de sable, de cailloux, de marne, qui, selon les circonstances, augmentent ou diminuent la fertilité du sol. Les terres blanches ont bien plus de peine à s'échauffer que les noires : ces dernières absorbent la chaleur, tandis que les autres la réfléchissent.

Il ne suffit pas de connaître la nature des terres, il faut encore savoir les *amender.* On les amende en leur donnant les qualités qui leur manquent.

Le défaut d'une terre forte est de ne pas laisser l'eau pénétrer convenablement : on y remédie en divisant la surface avec la charrue, avec la herse. Ce dernier instrument brise les mottes que la charrue n'a fait que soulever.

Si l'argile est trop abondante, ce que l'on reconnaît quand la terre est pâteuse ou s'attache à la charrue, le meilleur moyen à employer est d'y mêler du sable ou de la marne.

La *marne* est une pierre à chaux, mêlée avec de l'argile ou du sable : on la nomme *marne grasse,* lorsqu'elle renferme beaucoup d'argile, et *marne maigre,* lorsqu'elle est mêlée de sable. Il ne faut pas employer indifféremment toutes les marnes : ainsi, par exemple, la marne grasse, qui renferme beaucoup d'argile, ne peut être appliquée à une terre forte.

A défaut de marne, on peut employer du sable ou de la pierraille. Lorsque les pierres sont trop abondantes dans un terrain, elles le rendent improductif; mais, dans une terre trop forte, elles divisent le terrain et sont très utiles.

On peut encore, pour éviter de trop grands frais, ne couper que les épis d'une récolte de blé, et enfouir les pailles, qui sont aussi très bonnes pour diviser la terre.

Imprimerie de GUSTAVE GRATIOT, rue de la Monnaie, 11.

LIBRAIRIE DE L. HACHETTE ET Cie, RUE PIERRE-SARRAZIN, N° 14, A PARIS.

MÉTHODE DE LECTURE AVEC OU SANS ÉPELLATION,

Par MM. LAMOTTE, PERRIER, MEISSAS et MICHELOT.

OUVRAGE AUTORISÉ PAR L'UNIVERSITÉ. — QUATRIÈME ÉDITION.

SUITE DES NOTIONS D'AGRICULTURE.

On augmente la fertilité de la terre en y répandant une certaine quantité d'*engrais*, c'est-à-dire, de matières animales ou végétales en décomposition.

Parmi les substances végétales, les meilleurs engrai s sont les *récoltes en vert* qu'on enfouit pour féconder le terrain; les *tourbes* mélangées avec le fumier, les *feuilles*, le *marc de raisin*, d'*olives*, de *fruits à cidre*, de *froment* ou d'*orge* qui a servi à la distillation.

Les *varechs* sont des plantes marines qui donnent un bon engrais; mais elle ne sont employées que par les habitants des côtes.

Des *plantations d'arbres résineux et surtout de mélèzes* ont fertilisé des terrains ingrats, qui paraissaient condamnés à ne jamais rien produire. Les feuilles tombent, se pourrissent, et, se convertissant en terreau au bout d'un certain nombre d'années, rendent la terre fertile : cet engrais est très usité en Belgique.

Les matières animales donnent les engrais les plus puissants et les plus actifs. On distingue parmi ces engrais : la *fiente de pigeon*, la *fiente de volaille*, les *excréments humains*, les *fumiers de mouton*, de *cheval*, de *vache*, de *porc*.

Le fumier de mouton s'obtient sur place, en parquant les moutons et en les faisant paître.

Dans les terres fortes, on doit enterrer le fumier avec le labour d'automne; dans les terres froides, avec le labour des semailles. Il faut vingt-cinq chars de fumier par hectare pour les terres fortes, et trente-deux pour les terres faibles : trop et trop peu de fumier sont également nuisibles.

Il est difficile de fixer l'emploi des amendements et des engrais : c'est l'expérience qui doit servir de guide aux laboureurs.

Imprimerie de GUSTAVE GRATIOT, rue de la Monnaie, 11.

LIBRAIRIE DE L. HACHETTE ET Cie, RUE PIERRE-SARRAZIN, N° 14, A PARIS.

HUITIÈME CLASSE, N° IV. (N° 36.)

MÉTHODE DE LECTURE AVEC OU SANS ÉPELLATION,

Par MM. Lamotte, Perrier, Meissas et Michelot.

OUVRAGE AUTORISÉ PAR L'UNIVERSITÉ. — QUATRIÈME ÉDITION.

SUITE DES NOTIONS D'AGRICULTURE.

Outre les engrais, on emploie encore en agriculture des *stimulants*, qui augmentent la force des plantes, et qui, en se combinant avec les engrais, les rendent plus solubles. Les principaux stimulants sont : la *chaux vive*, le *plâtre*, la *cendre*, la *suie*.

La *chaux* est un stimulant qui offre les plus grands avantages. Quand on la mêle avec des substances végétales, telles que les racines et la paille, elle les décompose et les rend propres à servir d'engrais. Au contraire, si on la mêle avec des substances animales, elle ralentit la décomposition; ce qui est souvent utile, lorsqu'on ne veut pas employer tout de suite certains fumiers.

Le *plâtre* s'emploie pour les prairies artificielles : la luzerne, le trèfle et le sainfoin acquièrent par ce moyen beaucoup de vigueur, puisque le plâtre en triple la récolte. On le répand en poudre sur les feuilles du trèfle, de la luzerne, pendant la rosée ou un peu après la pluie : il en faut une quantité égale à celle du froment qu'on sèmerait dans le même champ. Une dépense de cent mille francs de plâtre rapporte autant de bénéfice qu'une dépense d'un million d'engrais ordinaires. Quelquefois on emploie le plâtre calciné; l'effet en est plus prompt, mais il dure moins. Le plâtre employé pour les fèves, les haricots, les pois, etc., est un stimulant actif, mais il nuit à la cuisson de ces légumes.

Les *cendres* sont aussi d'un très grand usage en agriculture. On obtient de la cendre en brûlant de la tourbe ou d'autres substances végétales. Quinze hectolitres par arpent suffisent dans de bonnes terres; mais dans les terres argileuses on peut doubler au moins cette quantité.

La suie agit avec assez d'énergie; elle détruit les mauvaises herbes, comme la cendre et la chaux; sa couleur offre un avantage précieux, c'est de disposer le terrain à s'échauffer aisément.

Imprimerie de Gustave Gratiot, rue de la Monnaie, 11.

LIBRAIRIE DE L. HACHETTE ET Cie, RUE PIERRE-SARRAZIN, N° 14, A PARIS.

HUITIÈME CLASSE, N° V. (N° 37.)

MÉTHODE DE LECTURE AVEC OU SANS ÉPELLATION,

Par MM. LAMOTTE, PERRIER, MEISSAS et MICHELOT.

OUVRAGE AUTORISÉ PAR L'UNIVERSITÉ. — QUATRIÈME ÉDITION.

SUITE DES NOTIONS D'AGRICULTURE.

Avant de semer, il faut disposer convenablement la terre en la divisant et en la retournant. On emploie à ouvrir la terre et à la retourner la *houe,* la *bêche,* la *fourche* et la *charrue.*

On se sert de la *houe* pour remuer la terre, la diviser, la mêler avec les fumiers, ou en extraire les racines. La houe est carrée ou triangulaire. Chacune de ces houes a son avantage particulier : la dernière pénètre plus facilement, mais la première soulève plus profondément les mottes.

Dans la petite culture, on emploie beaucoup le labourage à la *bêche.* Ce genre de labour défonce bien le terrain, surtout quand il est fait à double fer de bêche, c'est-à-dire, lorsqu'au moyen de deux levées de terre on pénètre jusqu'à cinquante centimètres environ de profondeur. Mais on sait combien ce travail est pénible et dispendieux, et combien il exige de bras dans la grande culture, c'est-à-dire, dans les exploitations considérables.

On remplace avantageusement la bêche par la *fourche* dans les terres compactes.

Pour la grande culture, la *charrue* est l'instrument le plus rapide et le plus économique. Les qualités essentielles d'une charrue sont : 1° de tracer un sillon profond et d'une largeur proportionnée au genre de culture; 2° d'exiger le moins de force possible pour la traîner. Les charrues d'après les modèles de M. *Mathieu de Dombasle*, et les charrues de M. *Grangé,* méritent la réputation qu'elles ont obtenue : on doit désirer que l'emploi s'en répande de plus en plus. La direction des sillons que trace le soc de la charrue n'est pas indifférente : si le terrain est sujet à des inondations, on les trace dans le sens de la pente, et l'on facilite par ce moyen l'écoulement des eaux; si le terrain est plat, il faut laisser de distance en distance des sillons profonds qui restent vides et qui reçoivent les eaux. Lorsqu'on ne doit semer qu'au printemps, on donne un labour en automne, et on laisse aux pluies et aux gelées le soin d'émietter la terre.

Imprimerie de GUSTAVE GRATIOT, rue de la Monnaie, 11.

LIBRAIRIE DE L. HACHETTE ET Cie, RUE PIERRE-SARRAZIN, N° 14, A PARIS.

MÉTHODE DE LECTURE AVEC OU SANS ÉPELLATION,

Par MM. LAMOTTE, PERRIER, MEISSAS et MICHELOT.

OUVRAGE AUTORISÉ PAR L'UNIVERSITÉ. — QUATRIÈME ÉDITION.

CALENDRIER DU CULTIVATEUR.

Janvier. Le cultivateur visite soigneusement ses harnais, ses outils et ses instruments de labourage; il y fait les réparations convenables. On prépare des paniers, des corbeilles, des paillassons; on cure les fossés; on ouvre des canaux; on bat en grange; et la paille, plus fraîche que lorsqu'elle est égrenée depuis longtemps, plaît davantage aux chevaux. Si le temps est sec, il faut, malgré le froid, faire sortir deux fois par jour le bétail et même les bêtes à laine : une trop longue captivité leur est nuisible. Quand on a des étangs ou des viviers, il faut avoir soin de faire briser la glace de distance en distance, afin de fournir de l'air aux poissons qu'on y élève ou qu'on y conserve.

Février. Ce mois est fort inconstant : s'il fait froid, on continue les travaux de janvier : on répare les bâtiments, on nourrit les abeilles, on s'occupe des engrais. Si le temps est doux, il est très favorable à la plantation de toutes les espèces d'arbres qu'on n'a pas plantées en automne. On transporte les engrais sur les chènevières, et on leur donne le premier labour. On défriche les vieilles luzernes et autres terres. On peut même préparer les prairies artificielles.

Mars. On commence les labours dans les terrains les plus légers, pour dompter les jeunes taureaux et les poulains. On taille les haies et on les repique partout où elles manquent. C'est en mars que l'on fait la plus grande partie des ensemencements du printemps. Il faut achever la taille des arbres fruitiers et les plantations. Après avoir semé les orges et les avoines, on sème les trèfles, les sainfoins, les lins d'été, les vesces, les gesses, les pois et les fèves. N'oubliez pas surtout les pommes de terre. Mars est l'époque des travaux pour les vignes : on achève les tailles, les plantations, les provignages, etc.

Imprimerie de GUSTAVE GRATIOT, rue de la Monnaie, 11.

HUITIÈME CLASSE, N° VII. (N° 39.)

MÉTHODE DE LECTURE AVEC OU SANS ÉPELLATION,

Par MM. LAMOTTE, PERRIER, MEISSAS et MICHELOT.

OUVRAGE AUTORISÉ PAR L'UNIVERSITÉ. — QUATRIÈME ÉDITION.

SUITE DU CALENDRIER DU CULTIVATEUR.

Avril. Les jours deviennent plus longs et plus chauds : on met les bêtes au pâturage, mais il faut avoir soin de les laisser d'abord peu de temps. Les fourrages verts succèdent aux fourrages secs pour la nourriture des bestiaux : la transition brusque peut occasionner des maladies; on ne doit d'abord donner que peu de fourrage vert, c'est insensiblement qu'on en augmentera la quantité. Le mois d'avril est le plus favorable de l'année pour semer le chanvre et les sarrasins. Les jardins potagers réclament aussi les soins du jardinier.

Mai. Les animaux de la basse-cour et les volailles de toute espèce méritent une attention particulière dans le mois de mai, à cause des couveuses et des petits nouvellement éclos. On tond les moutons dans ce mois. Il faut sarcler les blés. Les travaux du jardinage deviennent très importants : c'est en mai qu'on récolte les petits pois, les artichauts, les fraises, etc. On fait la première coupe des prairies artificielles, telles que les luzernes, les trèfles et les sainfoins : on fait sécher l'herbe au soleil, on la met en meule, et on la rentre par un temps bien sec. Les abeilles commencent à essaimer : on les surveille pour que les nouveaux essaims ne se perdent pas. Ordinairement les essaims prennent leur essor de onze heures du matin à trois heures du soir.

Juin. Le bétail ne demande plus autant de soins : seulement on tond les brebis qui n'ont pas encore été tondues. On sème le blé-sarrasin, les navets et les raves. Dans le Midi, on moissonne déjà quelques orges, des blés et des seigles. On continue la récolte des prairies artificielles, et l'on commence à faucher les prairies naturelles : on y pratique des irrigations pour avoir de beaux regains. On butte les pommes de terre et le maïs. On sème encore des carottes, si les premiers semis ont manqué; on sème aussi la vesce commune, le sarrasin, les pois, les haricots et le millet.

Imprimerie de GUSTAVE GRATIOT, rue de la Monnaie, 11.

LIBRAIRIE DE L. HACHETTE ET Cie, RUE PIERRE-SARRAZIN, N° 14, A PARIS.

MÉTHODE DE LECTURE AVEC OU SANS ÉPELLATION,

Par MM. LAMOTTE, PERRIER, MEISSAS et MICHELOT.

OUVRAGE AUTORISÉ PAR L'UNIVERSITÉ. — QUATRIÈME ÉDITION.

SUITE DU CALENDRIER DU CULTIVATEUR.

Juillet. Les bestiaux n'ont à redouter dans ce mois que les ardeurs du soleil, et les taons qui les fatiguent beaucoup. Les moissons sont en activité dans une grande partie de la France : on se sert, pour couper le blé, ou de la faucille ordinaire, ou de la faucille à dents, qui vaut beaucoup mieux. On commence même à battre le blé. Déjà quelques cultivateurs ont adopté l'ingénieuse machine à battre le blé du Suédois Oïven; trois hommes en font le service. Cette machine bat dans une heure de cent à cent vingt gerbes de douze kilogrammes, donnant de cinq à six cents kilogrammes de grain. On soigne la vigne en lui ôtant ses pousses gourmandes; on lui donne un labour quand elle a passé la fleur. On greffe les fruits à noyau, les poiriers et les pommiers.

Août. Ce mois est ordinairement le plus chaud de l'année; il faut prendre garde de donner aux bestiaux de l'eau trop froide, surtout lorsqu'ils sont échauffés. Il faut labourer pour les semailles prochaines et charrier les engrais. On laboure les terres déjà retournées le mois précédent. Plusieurs labours sont nécessaires pour ameublir la terre, pour ouvrir ses pores aux fécondantes influences de l'atmosphère, pour mélanger les engrais, et pour faire périr les mauvaises herbes. Les chanvres sont arrachés avec la précaution de laisser dans le meilleur terrain une partie des pieds femelles qui doivent fournir de la graine. On fait rouir le chanvre, c'est-à-dire qu'on le fait séjourner pendant quelque temps dans l'eau. Si l'on peut avoir un filet d'eau courante, la filasse en devient plus nette et plus forte, et l'on n'est pas exposé aux exhalaisons dangereuses d'une eau croupissante et putréfiée.

Septembre. La chaleur diminue ordinairement dans ce mois; quelquefois on y éprouve des gelées. On transporte les engrais; on sème les seigles, l'avoine d'hiver, le froment. On arrache les variétés hâtives de pommes de terre : on recueille les betteraves pour nourrir les vaches laitières. On fait une seconde ou une troisième coupe des prairies. Les fourrages exigent de grandes précautions pour sécher. Déjà dans le Midi les vendanges sont en pleine activité.

Imprimerie de GUSTAVE GRATIOT, rue de la Monnaie, 11.

LIBRAIRIE DE L. HACHETTE ET Cie, RUE PIERRE-SARRAZIN, N° 14, A PARIS.

MÉTHODE DE LECTURE AVEC OU SANS ÉPELLATION,

Par MM. Lamotte, Perrier, Meissas et Michelot.

OUVRAGE AUTORISÉ PAR L'UNIVERSITÉ. — QUATRIÈME ÉDITION.

SUITE DU CALENDRIER DU CULTIVATEUR.

Octobre. Tenez vos troupeaux à l'étable toutes les fois que le brouillard ou la pluie mouille les prairies. Les propriétaires d'abeilles transportent leurs ruches près des champs de sarrasin alors en fleur. Les vendanges sont ouvertes partout. Le seul moyen de faire de bon vin est d'attendre la parfaite maturité des grappes. C'est dans ce mois que l'on commence la récolte des fruits à cidre, qu'il faut laisser fermenter un peu avant de les porter sous le pressoir.

Novembre. Si la saison n'est pas trop pluvieuse, les troupeaux peuvent encore aller au pâturage. On plante les arbres de toute espèce ainsi que les haies vives. On pratique des rigoles pour assainir les terres ensemencées, les prés bas et les prairies artificielles. C'est à cette époque que l'on fait la moisson du sarrasin, qu'on arrache les navets et les raves pour nourrir et engraisser les bestiaux. Si le mois est sec, on peut semer le froment, qui n'en sera que plus beau. C'est le temps de la récolte des olives. Pour remplacer les oliviers qui sont morts, on se procurera des noyaux d'olives de l'archipel Grec, on les plantera au printemps, et les sujets qui en proviendront seront robustes et braveront les intempéries de l'hiver.

Décembre. Pour accoutumer le bétail à passer d'une nourriture verte à une nourriture sèche, on lui donne des raves, des pommes de terre, des feuilles de choux verts. Cependant on profitera de tous les moments de beau temps pour conduire les moutons aux champs. Ils commencent à manger le feuillage dont on a fait des fagots au commencement de septembre. On achève les plantations d'automne. On soigne les vins, qu'on soutire s'il est nécessaire. On distille les marcs de cidre et de poiré. Le cultivateur soigneux visite et raccommode les harnais et les outils, il fait couper le bois pour le chauffage et pour la réparation des charrettes, charrues, pressoirs, etc. Les longues soirées sont employées à couper en morceaux les betteraves, les pommes de terre, les raves qui doivent nourrir les troupeaux le lendemain.

Imprimerie de Gustave Gratiot, rue de la Monnaie, 11.

LIBRAIRIE DE L. HACHETTE ET Cie, RUE PIERRE-SARRAZIN, N° 14, A PARIS.

HUITIÈME CLASSE, N° X. (N° 42.)

MÉTHODE DE LECTURE AVEC OU SANS ÉPELLATION,

Par MM. LAMOTTE, PERRIER, MEISSAS et MICHELOT.

OUVRAGE AUTORISÉ PAR L'UNIVERSITÉ. — QUATRIÈME ÉDITION.

HYGIÈNE.

L'*hygiène* est l'art de conserver la santé. C'est une vertu encore plus qu'un art, puisqu'elle consiste presque entièrement dans l'absence des passions violentes, des excès et des vices qu'elles engendrent, dans la sagesse des désirs et la prudence de la conduite, dans l'exercice modéré de l'esprit et du corps, dans la propreté, dans la régularité du régime.

***Habitations.* La meilleure exposition pour les bâtiments est celle du levant; la plus mauvaise est celle du nord. Les arbres et les murs seront assez éloignés pour ne pas intercepter l'air, la lumière et les rayons du soleil. On doit craindre le voisinage des marais, des eaux où l'on fait rouir le chanvre ou le lin, des voiries, des cimetières et de certaines fabriques. On évite de coucher dans les rez-de-chaussée, surtout dans les contrées humides. Lorsqu'on y est forcé, il faut en élever le sol au-dessus du terrain, ne fût-ce que d'un pied, enduire les murs de mortier au lieu de plâtre. Un plancher sous lequel on établit un courant d'air est un des meilleurs préservatifs de l'humidité. Les chambres d'habitation devraient avoir au moins trois mètres de hauteur et une étendue proportionnée au nombre des personnes qui y logent. Il est nuisible d'habiter celles qui sont nouvellement bâties ou récemment peintes. On laisse les fenêtres ouvertes aussi souvent que la saison et le temps le permettent. Dans les pièces où l'on couche, on les tient fermées pendant la nuit; on tire les lits des alcôves et l'on ouvre les rideaux. Rien n'est plus malsain que d'élever des animaux dans les chambres à coucher, d'y faire sécher du linge, de s'y chauffer avec des braisières, d'y conserver des fleurs odorantes. Les cuisines seront bien aérées, bien éclairées; les fourneaux seront sous une hotte de cheminée ou y communiqueront par des tuyaux. La plus grande propreté règnera dans les habitations des hommes et dans celles des animaux; il faudra en éloigner les fumiers. Les eaux ménagères, les eaux savonneuses et les ordures ne doivent séjourner ni dans les cours ni dans les rues. Il est très dangereux de les jeter dans les puisards que l'on creuse près des maisons; ces puisards ne doivent recevoir que des eaux bien propres et être curés souvent Les lieux d'aisances seront bien aérés; on en lavera les murs et le sol avec une dissolution de chlorure de chaux, et l'on y laissera un vase contenant de ce chlorure en poudre. Les mêmes moyens seront employés pour assainir les lieux infectés.**

Imprimerie de GUSTAVE GRATIOT, rue de la Monnaie, 11.

LIBRAIRIE DE L. HACHETTE ET Cie, RUE PIERRE-SARRAZIN, N° 14, A PARIS.

HUITIÈME CLASSE, N° XI. (N° 43.)

MÉTHODE DE LECTURE AVEC OU SANS ÉPELLATION,

Par MM. LAMOTTE, PERRIER, MEISSAS et MICHELOT.

OUVRAGE AUTORISÉ PAR L'UNIVERSITÉ. — QUATRIÈME ÉDITION.

SUITE DE L'HYGIÈNE.

Vêtements. Les vêtements doivent être larges et ne serrer fortement aucune partie du corps. Les meilleurs habits sont ceux de laine. Les chemises de coton sont préférables à celles de chanvre ou de lin. Quand l'été vient, on ne doit quitter que peu à peu ses vêtements chauds, et se hâter de les reprendre lorsque l'air se refroidit. Il ne faut jamais marcher pieds nus, encore moins se découvrir, s'exposer à un courant d'air, s'arrêter dans un lieu humide ou boire de l'eau froide, quand on est en transpiration.

Bains et soins de propreté. Pendant les saisons froides, un bain tiède par mois; pendant les saisons chaudes, des bains de rivière, des bains de mer et la natation sont très favorables, nécessaires même à la santé. Ne vous baignez jamais que trois ou quatre heures après les repas. Lavez-vous tous les jours les mains et la figure à l'eau froide, une ou deux fois par semaine les pieds dans l'eau chaude.

Aliments. Ne pas manger assez a des inconvénients; manger trop en a de bien plus graves. Dès que vous vous sentez malade, mettez-vous à la diète. La variété des mets convient à l'estomac; habituez-vous à manger de tous ceux qui ne sont pas malsains, à moins qu'ils ne vous incommodent. Pendant les temps froids et humides, nourrissez-vous de viande et de légumes farineux, et buvez un peu de vin si vous le pouvez. Pendant les temps froids et secs, augmentez la proportion de poisson, de légumes frais, et soyez sobres de vin. Les religions qui prescrivent au printemps l'usage des œufs et des aliments maigres ont autant pour but la conservation de la santé que la mortification du corps. En été et en automne, préférez les viandes blanches, les légumes et les fruits de la saison; mangez moins que de coutume, et jamais de fruits verts ou gâtés. Lorsque les chaleurs sont très fortes, assaisonnez un peu plus vos aliments; et, sans exclure les boissons rafraîchissantes, buvez du vin en petite quantité. Évitez de manger et de boire entre vos repas; mettez au moins six heures d'intervalle entre ceux qui sont copieux, quatre seulement lorsqu'un des repas est léger. Tout le monde connaît les maux causés par l'ivrognerie. Les épidémies, et surtout le *choléra-morbus,* enlèvent avec une rapidité effrayante les personnes adonnées au vin ou aux liqueurs fortes, et en général ceux qui se livrent à des excès.

Sommeil. Neuf heures de sommeil suffisent aux enfants et aux vieillards, huit aux jeunes gens, sept aux adultes. Les lits trop doux sont insalubres.

Exercices. La promenade convient à tous les âges; la gymnastique, à la jeunesse et à l'âge mûr.

Imprimerie de Gustave GRATIOT, rue de la Monnaie, 11.

LIBRAIRIE DE L. HACHETTE ET Cie, RUE PIERRE-SARRAZIN, N° 14, A PARIS.

MÉTHODE DE LECTURE AVEC OU SANS ÉPELLATION,

Par MM. Lamotte, Perrier, Meissas et Michelot.

OUVRAGE AUTORISÉ PAR L'UNIVERSITÉ. — QUATRIÈME ÉDITION.

INDUSTRIE.

FER.

Le *fer* est, sans contredit, le métal le plus utile aux hommes; on le trouve répandu dans la nature avec une abondance proportionnée à son utilité. Le fer est très dur; il est ductile, c'est-à-dire qu'on le réduit en fils très minces. On ne trouve presque jamais le fer pur; il est toujours mélangé avec d'autres substances : il s'appelle alors *minerai.* Il existe en France beaucoup de minerais de fer.

Pour dépouiller le minerai des parties étrangères avec lesquelles il est combiné, on le met en contact avec du charbon dans un vaste fourneau. Quand le fer est ainsi fondu, on le coule dans des moules de sable; alors il s'appelle *fonte.* La fonte ou fer coulé est une matière fusible et cassante. C'est avec la fonte qu'on fait les marmites, les plaques de cheminées, les bombes, etc. La fonte est fondue de nouveau dans un second fourneau appelé fourneau d'affinage. Quand elle est refroidie en une masse formée de grumeaux, on la porte dans un troisième fourneau, d'où on la retire rouge et molle, pour la porter sous le martinet : c'est un énorme marteau qui sert à forger le fer en barres.

On obtient l'*acier* en mettant le fer forgé en contact avec de la poussière de charbon, à une température très élevée. Le fer acquiert par ce moyen un grand degré de dureté et d'élasticité. C'est avec l'acier que l'on fait les ouvrages de coutellerie, les instruments de chirurgie, les ressorts de voitures, de sonnettes, de montres, etc.

Tout le monde connaît la *boussole,* au moyen de laquelle les marins dirigent leurs vaisseaux au milieu des mers : la boussole n'est rien autre chose qu'une aiguille de fer aimanté, qui a la propriété de se diriger vers le nord.

On trouve toujours du fer dans les *aérolithes,* ou pierres qui tombent de l'atmosphère. Les physiciens ne sont pas d'accord sur l'origine de ces phénomènes extraordinaires.

Imprimerie de Gustave GRATIOT, rue de la Monnaie, 11.

LIBRAIRIE DE L. HACHETTE ET Cie, RUE PIERRE-SARRAZIN, N° 14, A PARIS.

MÉTHODE DE LECTURE AVEC OU SANS ÉPELLATION,

Par MM. LAMOTTE, PERRIER, MEISSAS et MICHELOT.

OUVRAGE AUTORISÉ PAR L'UNIVERSITÉ. — QUATRIÈME ÉDITION.

INDUSTRIE.

PLOMB, ÉTAIN ET ZINC.

Le *plomb* est un métal d'un blanc bleuâtre, mou, fusible à une faible température et très pesant : il s'en faut pourtant de beaucoup qu'il soit le plus lourd des métaux, comme on le croit assez généralement. Les principales mines de plomb sont exploitées en Angleterre et en Allemagne; la France en possède quelques-unes moins importantes en Bretagne et dans la Lozère. On emploie ce métal à de nombreux usages. Il faut bien se garder de mettre du vin ou du vinaigre dans des vases de plomb : il pourrait en résulter de graves accidents.

L'*étain* est un métal d'un blanc d'argent, plus dur que le plomb, très fusible et très léger : on en fait des fourchettes, des cuillers, des assiettes, des plats, des brocs, etc. On peut mettre du vin et du vinaigre dans les vases d'étain, sans craindre aucun des inconvénients qui résultent de l'emploi du plomb pour le même usage. L'étain allié au plomb constitue la soudure des plombiers; réduit en lame mince et amalgamé avec le mercure, il forme le *tain,* dont on double les glaces et les miroirs. Le *fer-blanc,* dont on fait tant d'usage, n'est que de la tôle (fer laminé) recouverte d'une couche mince d'étain fondu. Les principales mines d'étain sont situées dans l'Inde, en Amérique, en Angleterre et en Allemagne; nous avons en France des mines d'étain, mais elles ne sont pas considérables.

Le *zinc* est un métal d'un blanc bleuâtre et plus dur que l'étain; il est malléable, fusible et volatil : on l'emploie dans la composition des feux d'artifice et dans les arts industriels. On fabrique en zinc des baignoires, des arrosoirs, etc. Il peut remplacer le plomb pour couvrir les édifices. Un alliage de cuivre et de zinc, ayant la couleur et l'éclat de l'or, vient d'être approprié, en Angleterre, à une foule d'usages.

Imprimerie de GUSTAVE GRATIOT, rue de la Monnaie, 11.

LIBRAIRIE DE L. HACHETTE ET Cie, RUE PIERRE-SARRAZIN, N° 14, A PARIS.

MÉTHODE DE LECTURE AVEC OU SANS ÉPELLATION,

Par MM. LAMOTTE, PERRIER, MEISSAS et MICHELOT.

OUVRAGE AUTORISÉ PAR L'UNIVERSITÉ. — QUATRIÈME ÉDITION.

INDUSTRIE.

CUIVRE.

Les principales mines de *cuivre* sont celles d'Angleterre, de Russie, de Suède, d'Autriche, du Japon et d'Amérique. En France, on n'exploite avec fruit que celle de Chessy, près de Lyon. Le cuivre dans son état de pureté est un métal rougeâtre, très malléable, sonore, mais susceptible d'être altéré par les acides les plus faibles, et même par l'humidité de l'air, qui le couvre d'un oxyde vert, redoutable par ses effets terribles, et connu sous le nom de *vert-de-gris.*

On fabrique avec le cuivre des chaudrons, des casseroles et beaucoup d'ustensiles de cuisine. Comme on courrait les plus grands dangers en préparant les aliments dans des vases de cuivre, on revêt ces vases, dans l'intérieur, d'une couche mince d'étain fondu; c'est ce qu'on appelle les étamer. Pour éviter l'empoisonnement par le vert-de-gris, il faut 1° laver les casseroles à l'eau bouillante avant de s'en servir; 2° ne pas y laisser refroidir les aliments.

Allié au zinc, le cuivre devient laiton ou cuivre jaune, dont on fabrique les compas, les instruments de physique, etc. Le cuivre uni à l'étain forme l'airain ou le bronze, dont on fait des cloches, des canons, des gros sous, des statues. Aujourd'hui les modèles de bronze employés dans les pendules et ornements de cheminées sont en cuivre couvert de plusieurs couches de peinture habituellement verte.

On trouve quelquefois du cuivre métallique naturel, mais il est toujours en petites masses. Les minerais de cuivre sont, au contraire, fort nombreux: le plus communément répandu est un composé de cuivre, de soufre et de fer, qu'on appelle *pyrite de cuivre;* on le rencontre en masses assez considérables ou en filons.

Imprimerie de GUSTAVE GRATIOT, rue de la Monnaie, 11.

MÉTHODE DE LECTURE AVEC OU SANS ÉPELLATION,

Par MM. Lamotte, Perrier, Meissas et Michelot.

OUVRAGE AUTORISÉ PAR L'UNIVERSITÉ. — QUATRIÈME ÉDITION.

INDUSTRIE.

ARGENT, OR ET PLATINE.

L'*argent* est un métal blanc, sonore, susceptible, comme l'or, d'être réduit en fils d'une grande finesse, et ne se fondant qu'à une haute température. On le trouve quelquefois en masses ou blocs d'un volume considérable; mais on l'extrait le plus habituellement d'autres substances avec lesquelles il est combiné. Les principales mines d'argent sont celles du Pérou et du Mexique. On emploie l'argent à faire un grand nombre d'ouvrages d'orfévrerie; nos pièces de monnaie de cinq francs, de deux francs, d'un franc, de cinquante, de vingt-cinq et de vingt centimes, sont en argent. Le kilogramme pesant d'argent fin vaut deux cent vingt-deux francs.

L'*or* est le plus précieux de tous les métaux : il est jaune, très malléable, très tenace, très dur, très pesant et presque inaltérable. Les principales mines d'or exploitées de nos jours sont celles du Brésil, de la Colombie et de la Sibérie; celles de la Californie, exploitées depuis peu d'années, paraissent les plus productives. Pour accroître la dureté de l'or, on l'allie à une petite quantité de cuivre ou d'argent. Nos monnaies d'or et d'argent contiennent un dixième d'alliage, et conséquemment neuf dixièmes de fin : c'est ce qu'on appelle *leur titre*. Dans l'orfévrerie, les bijoux, selon leur destination, contiennent plus ou moins d'alliage. Le kilogramme pesant d'or fin vaut trois mille quatre cent quarante-quatre francs quarante-quatre centimes, c'est-à-dire, quinze fois et demie le même poids d'argent.

Le *platine* est un métal d'un gris d'acier, qu'on trouve disséminé au Brésil et dans la Sibérie. La propriété qu'il a d'être inattaquable par le feu, l'air et les acides, le rend très précieux dans les arts.

Imprimerie de Gustave GRATIOT, rue de la Monnaie, 11.

LIBRAIRIE DE L. HACHETTE ET Cie, RUE PIERRE-SARRAZIN, N° 14, A PARIS.

HUITIÈME CLASSE, N° XVI. (N° 48.)

MÉTHODE DE LECTURE AVEC OU SANS ÉPELLATION,

Par MM. LAMOTTE, PERRIER, MEISSAS ET MICHELOT.

OUVRAGE AUTORISÉ PAR L'UNIVERSITÉ. — QUATRIÈME ÉDITION.

DEVOIRS ENVERS LA PATRIE.

Le citoyen doit aimer la patrie, servir la République, la défendre même au prix de sa vie.

Tous les Français doivent faire partie de l'armée active quand ils y sont appelés conformément aux lois.

Tous sont astreints au service de la garde nationale dans le lieu de leur domicile, pour la défense de la patrie et de ses lois, et pour le maintien de l'ordre.

Chacun doit s'appliquer à bien remplir les fonctions qui lui sont confiées.

Dans toutes les élections, les citoyens choisiront consciencieusement celui qui, par ses vertus et ses talents, leur paraît le plus digne des fonctions auxquelles on veut l'élever.

Le soldat doit une obéissance passive à ses chefs. Il sera toujours prêt à verser son sang pour la défense de sa patrie; mais il évitera d'employer pour ses querelles particulières les armes que la République lui confie.

Le juge donnera tous ses soins à connaître la vérité. Il ne condamnera jamais un innocent; mais il défendra avec fermeté la société et le bon droit par la juste punition des coupables.

Les témoins, appelés devant la justice, diront toujours la vérité tout entière, et rien que la vérité.

Les fonctionnaires publics s'appliqueront à user de leur autorité pour le bien général de l'État et de leurs administrés.

Les employés des contributions doivent percevoir régulièrement les sommes dues au trésor public, et en rendre un compte fidèle à leurs supérieurs.

Les contribuables doivent acquitter exactement les sommes qui sont exigées d'eux d'après la loi et selon leur fortune.

Les impôts sont établis pour l'utilité commune; ils sont la ressource de la République pour assurer la défense du territoire français et pour fournir à tous les services publics. C'est être mauvais citoyen que de les refuser illégalement.

Imprimerie de GUSTAVE GRATIOT, rue de la Monnaie, 11.

LIBRAIRIE DE L. HACHETTE ET Cie, RUE PIERRE-SARRAZIN, N° 14, A PARIS.

HUITIÈME CLASSE, N° XVII. (N° 49.)

MÉTHODE DE LECTURE AVEC OU SANS ÉPELLATION,

Par MM. Lamotte, Perrier, Meissas et Michelot.

OUVRAGE AUTORISÉ PAR L'UNIVERSITÉ. — QUATRIÈME ÉDITION.

DEVOIRS ENVERS LA FAMILLE ET LA SOCIÉTÉ.

L'enfant à tout âge doit honneur et respect à son père et à sa mère.

Il doit leur obéir en tout jusqu'à sa majorité, c'est-à-dire jusqu'à vingt et un ans; il ne peut quitter la maison paternelle sans leur permission.

L'enfant doit soigner son père et sa mère et ses autres ascendants dans leur vieillesse et leurs maladies; il doit leur fournir des aliments quand ils sont dans le besoin.

Les gendres et les belles-filles doivent également et dans les mêmes circonstances des aliments et des soins à leur beau-père ou belle-mère.

Le père et la mère sont obligés de nourrir, entretenir et élever leurs enfants.

Ils doivent les former à la probité et aux bonnes mœurs, et les habituer à l'accomplissement de tous les devoirs d'honnête homme et de bon citoyen.

Ils doivent exercer leurs enfants au travail, les envoyer aux écoles publiques, ou leur faire donner dans la maison paternelle l'instruction que leur position comporte, et dont ils auront besoin un jour, soit pour remplir les fonctions que la République leur aura confiées, soit pour réussir honorablement dans l'état qu'ils auront embrassé.

Chaque citoyen doit s'assurer à lui et aux siens, par le travail, des moyens d'existence, et, par la prévoyance, des ressources pour l'avenir.

Chacun doit concourir au bien-être commun en secourant fraternellement autrui, et à l'ordre général en observant les lois morales et les lois écrites qui régissent la société.

Tous les citoyens peuvent s'associer pour s'aider mutuellement; mais nul n'a le droit d'employer la menace ou la violence pour empêcher un autre citoyen de faire un travail qui n'est pas interdit par la loi.

Imprimerie de Gustave Gratiot, rue de la Monnaie, 11.

LIBRAIRIE DE L. HACHETTE ET Cie, RUE PIERRE-SARRAZIN, N° 14, A PARIS.

HUITIÈME CLASSE, N° XVIII. (N° 50.)

MÉTHODE DE LECTURE AVEC OU SANS ÉPELLATION,

Par MM. LAMOTTE, PERRIER, MEISSAS et MICHELOT.

OUVRAGE AUTORISÉ PAR L'UNIVERSITÉ. — QUATRIÈME ÉDITION.

DROITS DES CITOYENS.

Tous les Français sont égaux devant la loi.

Ils sont tous également admissibles aux emplois civils et militaires, sans autres motifs de préférence que le mérite ou les droits acquis suivant la loi.

La loi n'existe qu'après avoir été votée par l'Assemblée législative. Elle devient obligatoire aussitôt qu'elle a été promulguée par le Pouvoir exécutif; mais elle ne peut jamais avoir d'effet rétroactif.

La liberté individuelle est également garantie à tous; personne ne pouvant être poursuivi ni arrêté que dans les cas prévus par la loi et dans la forme qu'elle prescrit.

Nul ne peut être distrait de ses juges naturels.

Les débats sont publics en matière criminelle comme en matière civile, à moins que cette publicité ne soit dangereuse pour l'ordre et pour les mœurs; dans ce cas le tribunal le déclare par un jugement.

Un représentant du peuple ne peut être poursuivi en matière criminelle, ni arrêté, sauf le cas de flagrant délit, sans le consentement de l'Assemblée législative.

Chacun professe sa religion avec la même liberté et obtient pour son culte la même protection.

Les citoyens ont le droit de publier et de faire imprimer leurs opinions, en se conformant aux lois.

Toutes les propriétés sont inviolables. La peine de la confiscation des biens est abolie.

L'État peut exiger le sacrifice d'une propriété pour cause d'intérêt public légalement constatée, mais avec une juste et préalable indemnité.

La République garantit aux citoyens la liberté du travail et de l'industrie.

Aucun impôt ne peut être perçu qu'en vertu de la loi.

La dette publique est garantie par la nation.

Imprimerie de GUSTAVE GRATIOT, rue de la Monnaie, 11.

LIBRAIRIE DE L. HACHETTE ET Cie, RUE PIERRE-SARRAZIN, N° 14, A PARIS.

CHEZ L. HACHETTE, LIBRAIRE DE L'UNIVERSITÉ ROYALE DE FRANCE.

TABLEAUX ET MANUELS

POUR L'ENSEIGNEMENT MUTUEL ET L'ENSEIGNEMENT SIMULTANÉ,

PAR MM.

LAMOTTE, MEISSAS, MICHELOT, PERRIER, PICARD, QUICHERAT, SAIGEY, VERNIER, WILHEM.

Format Couronne.

Tableaux de Lecture, avec ou sans épellation, à l'usage des écoles primaires, des écoles d'adultes, de régiments et de vaisseaux; par MM. Lamotte, Perrier, Meissas et Michelot. 50 tableaux. Prix . . . . . . 2 fr. » c.

Les mêmes, augmentés de 16 tableaux supplémentaires, 66 tableaux. Prix . . . . . . 3 fr. » c.

Les 16 *tableaux supplémentaires* séparément. Prix . . 1 fr. » c.

Manuel des Tableaux de lecture, contenant les 66 tableaux, réduits au format in-8°; à l'usage des maîtres et des moniteurs. 1 volume. Prix, broché . . . . . . 1 fr. » c.

Le même, sans les instructions ni les procédés; à l'usage des élèves. 1 volume grand in-18. Prix, broché . . . . . . » fr. 25 c.

Autorisés par le Conseil royal de l'Instruction publique.

Tableaux de Lecture, extraits de l'*Alphabet* et *Premier livre de lecture,* 20 tableaux. Prix . . . . . . 1 fr. 25 c.

Alphabet et Premier livre de lecture, à l'usage des écoles primaires. 1 volume grand in-18 de 108 pages, orné de figures. Prix, broché . . . . . . » fr. 30 c.

Autorisés par le Conseil royal de l'Instruction publique.

Tableaux de Lecture pour l'enseignement simultané. 24 tableaux, avec l'explication des principes, in-8°; par M. P. Laroque, recteur de l'Académie de Cahors. Prix . . . . . . 2 fr. 25 c.

Tableaux de Lecture régulière *et dégagée de toutes difficultés et exceptions;* à l'usage des Salles d'asile. 20 tableaux format double couronne, imprimés en très-gros caractères. Prix . . . . . . 3 fr. 50 c.

Tableaux de Grammaire française; par MM. Meissas, Michelot et Picard. 31 tableaux, et un Manuel in-18. Prix . . . . . . 3 fr. 75 c.

Le *Manuel* seul. 1 volume in-18. Prix, cartonné . . . » fr. 75 c.

Autorisés par le Conseil royal de l'Instruction publique.

Tableaux de la petite Grammaire des écoles primaires; par M. Lamotte, inspecteur spécial de l'instruction primaire de la Seine. 24 tableaux format couronne. Prix . . . . . . 2 fr. 50 c.

Petite Grammaire des écoles primaires; par MM. Lamotte et Lorain. 1 volume in-18. Prix, cartonné . . . . . . » fr. 60 c.

Autorisés par le Conseil royal de l'Instruction publique.

Tableaux de Géographie; par MM. Meissas et Michelot. 28 tableaux, et un Manuel in-18. Prix . . . . . . 3 fr. 75 c.

Le *Manuel* seul. 1 volume in-18. Prix, cartonné . . . » fr. 75 c.

Autorisés par le Conseil royal de l'Instruction publique.

Tableaux d'histoire de France; par les mêmes auteurs. 34 feuilles, avec un Manuel in-18. Prix . . . . . . 4 fr. 25 c.

Le *Manuel* seul. 1 volume in-18. Prix, cartonné . . . . » fr. 75 c.

Tableaux d'Arithmétique; par MM. Lamotte et Vernier. Troisième édition, où l'on a retranché tout ce qui avait rapport aux anciennes mesures. 44 tableaux. Prix . . . . . . 4 fr. 50 c.

Autorisés par le Conseil royal de l'Instruction publique.

Tableaux du Système légal des poids et mesures; par M. Lamotte. Deuxième édition, sans comparaison avec les anciennes mesures. 10 tableaux. Prix . . . . . . 1 fr. 50 c.

Autorisés par le Conseil royal de l'Instruction publique.

Tableau des poids et mesures du Système métrique, contenant les mesures fondamentales, les mesures dérivées et les applications, avec 22 figures enluminées représentant le mètre, les poids, les monnaies, les mesures de capacité, etc.; par M. Saigey. 3 feuilles double raisin. Prix . . . . . . 1 fr. 50 c.

Monté sur toile avec gorge et rouleaux . . . . . . 7 fr. » c.

Autorisés par le Conseil royal de l'Instruction publique.

Tableaux de Dessin linéaire; par M. Lamotte. 10 tableaux, avec double impression, l'une en taille-douce, l'autre en caractères typographiques. Prix . . . . . . 2 fr. 50 c.

Autorisés par le Conseil royal de l'Instruction publique.

Tableaux d'Arpentage; par le même auteur. 8 tableaux, avec double impression, l'une en taille-douce, l'autre en caractères typographiques, et un Manuel grand in-18. Prix . . . . . . 2 fr. 50 c.

Le *Manuel* seul. 1 vol. in-18, br. Prix de la douzaine. 3 fr. » c.

Autorisés par le Conseil royal de l'Instruction publique.

Tableaux (nouveaux) de Lecture musicale et de Chant élémentaire; par B. Wilhem. 95 tableaux, avec le Guide de la méthode, in-8°. Prix . . . . . . 14 fr. » c.

On vend séparément :

Les 50 tableaux du 1er Cours. Prix . . . . . . 6 fr. 50 c.

Les 45 tableaux du 2e Cours. Prix . . . . . . 6 fr. » c.

Le Guide de la méthode, in-8°. Prix . . . . . . 1 fr. 50 c.

Autorisés par le Conseil royal de l'Instruction publique.

Tableaux élémentaires de Musique; par M. L. Quicherat. 30 tableaux, et un Manuel in-12. Prix . . . . . . 7 fr. 50 c.

Autorisés par le Conseil royal de l'Instruction publique.

Paris. — Imprimerie Panckoucke, rue des Poitevins, 14.

www.ingramcontent.com/pod-product-compliance
Ingram Content Group UK Ltd.
Pitfield, Milton Keynes, MK11 3LW, UK
UKHW031924260826
14628UKWH00003B/1408

9 782013 367820